与最聪明的人共同进化

CHEERS

HERE COMES EVERYBODY

CHEERS
湛庐

精准
理解力

1％の本質を
最速でつかむ
「理解力」

［日］山口拓朗 著

张佳傲 译

浙江教育出版社·杭州

如何升级你的理解力？

- 批判性思考指的是什么？（单选题）

    A. 对理解的正确性提出质疑

    B. 确认对某事的理解是正确的

    C. 避免任何误解

    D. 增加信息的输入

- 认知偏差是指思想上的偏误、偏见和成见，如何有效避免认知偏差？（单选题）

    A. 增加不同渠道的信息量

    B. 减少与他人的交流，独立思考

    C. 反复思考自以为理解的事物

    D. 只关注自己的理解

- 如果你在阅读一本专著时，发现某个概念难以理解，你应该如何克服这一难题？（单选题）

    A. 跳过不理解的部分，继续阅读

    B. 反复阅读同一段落，直到理解为止

    C. 查找相关资料，将新信息与已有的理解关联起来

    D. 放弃阅读，寻找其他资料

扫描左侧二维码查看本书更多测试题

在 AI 重构的职场中，
理解力是人类最后的护城河

汤君健
茂诺咨询创始人
《科学用人》《带团队的方法》作者

当我在战略研讨会上看到 AI 同步输出会议纪要时，当我看到员工开始用 DeepSeek 输出一份管理咨询计划书时，当我又一次被生成式人工智能提供的分析报告里的洞察击中时，作为企业管理咨询顾问，我意识到此刻我们正站在人类与 AI 能力分野的关键节点——那些曾经引以为傲的数据处理、文案撰写、信息整合能力，正在以惊人的速度被机器接管。

我不断地问自己：什么才是未来最需要刻意练习的能力？在读了山口拓朗的这本《精准理解力》后，我认为我找到了答案——一份职场人最珍贵的生存法则：在认知革命的洪流中，理解力是锚定人类价值的定海神针。

一方面，对企业而言，当算力成为基础设施，理解力才是稀缺资源。

在咨询实践中，我们见证过太多企业数字化转型的认知陷阱。某零售企业曾斥资千万引入智能决策系统，却在3个月后遭遇部门协同崩溃，其根本症结在于管理层将理解力外包给 AI，丧失了信息解码能力。这正应和了书中强调的"输入信息、按顺序理解、批判性思考"3个步骤，当员工停止对信息的深度咀嚼，喂到嘴边的算法再先进都会沦为空中楼阁。

同样，近期我们给一家5年业绩增长10倍的企业策划了一个领导力发展类项目，当项目完成交付时我们发现区分高潜人才的分水岭往往就是理解力的差异。缺少理解力这个内功，即使学了再多管理的工具、沟通的招式也于事无补。没有理解力，管理者无法基于事实获得正确的信息，理解不了复杂的状况，最终没有办法进行高质量的决策。这些都是 AI 所无法替代的。

另一方面，职场人要学会拿起 AI 的矛，守好理解力的盾。

以我自己为例。20 年前，我刚入职场，作为宝洁公司的一名销售，最开始是用纸张记录零售终端情况，回到公司再汇总成表。一两个月后公司对于生意的变化才有察觉。后来我经历了平台电商爆发期、自己创业做过移动互联网，见证了信息的及时性从月到分钟级、辅助工具从纸张到手机移动端的飞速进步。在每个巨变的时代，如鱼得水的都是善用工具的那一拨人。而一个人用好工具，会用工具，所需的底层能力还是理解力。

站在人机协同的认知前沿重读这部作品，更能体会作者无意间穿越时代的洞察力。当技术加速解构传统能力体系时，山口拓朗为职场人指明了一条进击之路：在信息的汪洋中锻造理解力的"定海神针"，用理解力之盾守护自己的职场之路。——机器可以计算世界，唯有人类能理解世界。这种理解力的精进与传承，终将成为数字文明时代最珍贵的人性火种。

如何提升理解力，本书给了 13 个实用技巧和 8 种深化理解的方法。行文风格事无巨细、娓娓道来，此处不再赘述。在推荐序的最后，我想强调的是，这本书不仅仅适用于职场新人。曾经有一位咨询顾问和我感慨地说过这么一个观点："真相就像空气，职位越高越稀薄。"说这句话的背景是，他有一次因为某客户 CEO 的一个违反常识的判断而生气。所谓"世界是个草台班子"，身居高位的高管们，可能很多时候是凭经验做出的判断，只不过是赶上了好时代罢了。放空、归零，一起抓住事物的本质，回到理解力，才是提升企业竞争力的根本。

掌握未来的核心竞争力

席越

遇言不止创始人，《星空演讲》导师

在信息爆炸的时代，我们每天都被海量的信息包围，但真正能够被精准理解，并迅速转化为有效行动的信息，又有多少？

我们常以为理解是一种本能，殊不知，错误的理解、断章取义和认知偏差，正在不知不觉间剥夺我们许多重要的机会，甚至让成功从指缝间溜走。

这正是我刚刚阅读过的《精准理解力》一书的核心价

值——它帮助我们突破"自以为懂了"的思维误区,让理解变得更加精准、高效,进而提升沟通能力、决策能力和整体竞争力。

理解力,顶尖人物的隐形竞争力

作为一名演讲和沟通导师,我曾辅导过许多行业顶尖人物、知名企业家、演讲者和创始人。他们有一个共同点:超乎常人的理解力和行动力。

有一次,我辅导一位拥有百家美容院的行业大咖。她的演讲 PPT 内容冗长,一个 20 分钟的演讲竟然使用了超过 50 页 PPT。信息过载导致观众的注意力完全被屏幕上的文字牵制。我建议她将 PPT 精简至 20 页以内,让观众的焦点回到她的表达和个人魅力上。

她听后立刻着手修改,30 分钟内完成调整。最终,她的演讲逻辑清晰,观众对她演讲的专注度也大幅提升。

这就是精准理解力的力量——不仅能快速抓住信息的关键点，更能立刻转化为行动，实现高效沟通。

在《精准理解力》中，作者山口拓朗也强调了这一点，他在书中写道："如果你不能精准地理解他人的意思，就更容易在行动时犯错。"

这句话深刻揭示了一个事实：真正的理解，不仅仅是听懂字面意思，而是要抓住信息的本质，并据此做出正确的判断和行动。

提升职场效率，从精准理解开始

在职场上，理解力决定了沟通效率，甚至影响职业发展的速度。但很多职场新人并未意识到这一点，导致他们在工作中不断碰壁，甚至拖累团队协作，影响个人业绩。

在一次线下公开课上，一位学员自信地向我介绍自己，他是某上市公司的人力资源总监，希望学习演讲技能。

他态度专业、诚恳，我欣然接受了他的邀约。

然而，在第二次见面时，他一开口就对我说："我知道你是一个想要'自由'的女性。"

这一刻，我立刻察觉到对方的理解力出了问题。我们才见过一次面，他竟然就擅自对我下定义。当我反问他"你对自由的定义是什么"时，他丝毫没有察觉自己的误判，反而继续洋洋得意地讲述自己的主观认知。最终，他的真实目的也暴露出来——推销直销产品。而我，在迅速结束与他的会面后，直接拉黑了他。

他的沟通方式，完全违背了《精准理解力》中提到的关键概念："理解的前提不在于收集信息，而在于明确目的。"

如果一个人不能精准理解对方的需求、情绪和背景，他的沟通就会变得低效，甚至是令人反感的单向输出。

深度洞察，做出更有价值的决策

这本书的独特之处在于，它不是一本学术性的理论书，而是一份"实战手册"。它结合了认知科学、心理学、沟通学的研究成果，并提供了 13 个理解技巧，让人们可以立即应用到生活和工作中。此外，书中提出的"干一枝一叶"理解法，是一个简单而高效的思维框架：

- "干"——抓住核心要点，明确主要信息
- "枝"——理解核心信息的逻辑关系
- "叶"——关注细节，但不被细节干扰整体
  认知

这一方法，适用于任何需要高效学习、精准理解、快速决策的人，堪称理解力训练的"黄金法则"。

在信息爆炸的时代，很多人习惯碎片化阅读、快速获取信息，却缺乏深度思考的能力。《精准理解力》这本书正是为了弥补这一短板，帮助我们训练理性思考、精准理解、

深度洞察的能力。

作者山口拓朗在书中指出："理解不代表认同。"

这句话值得所有人深思。**真正的高手，从不盲目接受信息，而是通过精准的理解，做出更有价值的决策。**

在当今社会，理解力已成为每个人的核心竞争力。无论是职场沟通、商业谈判、学习成长，还是日常社交，只有精准的理解，才能带来精准的表达和高效的决策。

如果你希望提升职场沟通的精准度，减少误解，提高表达影响力，那么《精准理解力》将是你不可或缺的一本书。它语言简洁、逻辑清晰、方法实用，适合职场人士、管理者、创业者、销售人员，甚至是希望提升沟通能力的任何人阅读。

愿每一个阅读这本书的人，都能在理解的道路上，持续精进。

跨越"自以为理解"的障碍

"理解力"究竟是什么？我的回答是：理解力是一个人跨越自以为理解某事的障碍，深入探究事物本质的能力。

或许你期待的是这样的答案：理解力，是指一个人精准把握事物的结构、状况和关系等要素的能力。这么说没错，通过对本书的学习，你确实能够达成这样的目标。但是，我依然坚持自己的答案。因为，当你自以为理解了事物本质时，理解力的提升就会停滞不前。

请牢记这句口号：去跨越自以为理解某事的障碍吧！

一切行动都始于理解

你有没有被上司这样批评过：

> 你怎么总是不能按照要求去做呢？
> 你明白我的意思了吗？
> 你认真读过文章吗？
> 要我说多少遍你才能明白？
> 我说过让你这么做了吗？

在某一瞬间，你有没有产生过这样的想法：

大脑一下子"宕机"，我什么都听不进去了。

对话内容太复杂，我听不懂。

我也不知道自己哪里没听懂。

大家的反应怎么都那么快？

　　理解力是一个人与他人进行交流、决定采取行动时必须具备的能力。如果你不能精准地理解他人的意思，就更容易在行动时犯错。在工作中如此，在考试、面试等情况下也是如此。在职场中，理解力弱的人容易出现以下问题：

- 工作难出成果。
- 无法高效地与人沟通。
- 给他人增添麻烦。
- 遭人误解。
- 经常完不成任务或返工。
- 工作进展缓慢。
- 让他人感到不快。

　　因工作表现不好而烦恼的人大多理解力都较弱。这就好比，如果一个人不理解足球比赛的规则，就会因为踢人或铲人犯规，而被红牌罚下。

不管哪种能力，在每个人身上体现的程度都有所不同，理解力也是如此。我并不想在此谈论天赋问题。我想说明的是：只要一个人稍微改变一下思维和行动，就能掌握提升理解力的方法。每个人都需要掌握这些方法，是因为：

- 一切工作都始于理解。
- 一切人际交往都始于理解。
- 一切行动都始于理解。

提升理解力，可以改善你在工作、学习和人际交往中的表现，甚至提升你的生活品质。

在你的认知中，理解力强的人是什么样子呢？在我看来，理解力强的人，能够在听到一句话后立刻把握这句话的本质含义，通晓人情世故，也擅长举一反三、触类旁通。

日语中有一个词语，翻译成中文是"当意即妙"，意思是随机应变、立即做出恰当的反应。这看似很难，但只要提升理解力，你就能够掌握相关技巧。理解力强的人有以下几个优势：

- 能够与人顺畅地沟通。
- 能够简明扼要地传达信息。
- 能够正确评价和分析事物。
- 擅于激发创意。
- 能够根据场合采取恰当的行动。
- 能够朝着明确的目标前进。
- 能够给别人提供他们想要的东西。
- 能在人工智能时代成为有用的人才。

如果你想成为职场中的优秀员工，提高人际交往能力，就必须提升理解力。如果你对事情的情况、状态、本质、方法、结构、目的等方面有了精准的理解，那么就能正确地认识我们所生活的世界。但遗憾的是，学校并没有开设相关课程。所以，我写了这本书，详尽地总结了提升理解力的方法，希望能对你有所帮助。

目 录

1%の本質を最速で
つかむ「理解力」

第 1 章

拥有让你快速抓住 1% 的
本质的精准理解力

「書く」「話す」「伝える」…
あらゆるアウトプットで結果を出せる!

理解的前提不在于收集信息，
而在于明确目的。

我的理解力天生就比别人强吗？答案是否定的。至少在参加工作前，我的理解力最多只处于一般水平。但是在杂志社担任记者和编辑期间，我的理解力水平获得了迅速提升。

我当记者的时候，每个月都需要去全国各地采访几十人，然后把采访内容全部整理成报道，刊登在杂志上。简言之，我的工作就是在理解采访到的信息的基础上撰写报道。

在采访过程中，为了引导采访对象透露能够吸引读者的信息，我不仅要对采访提纲了如指掌，还必须熟知采访对象的背景。而其中最为关键的是，我需要通过揣摩采访对象的语言、表情、行为等理解他们的真实意图。

在刚入职的那段时间里，我在采访时完全理解不了对方话里的深意，脑海中总是有很多疑问。会出现这种情况是因为我自身的专业知识有欠缺，但除此之外，没能对信息做出精准的理解也是一个重要原因。我还曾因为理解出现偏差而把错误信息写成了报道，遭到主编的怒斥，因为这可能会损害杂志的信誉，造成很严重的后果。因此，一个记者要想写出优质的报道，就必须具备极强的理解力。

为了提升理解力，我下了很多功夫，最终总结出一套卓有成效的训练方法，而这正是本书的主要内容。理解力越弱的人，使用这套训练法后取得的进步就会越显著。

你了解实现精准理解的关键吗

让我们先从一个简单的问题入手：在你的认知里，冰箱是什么？

或许包括你在内的大多数人会立刻回答"冰箱就是通过低温保存食物的电器"，事实的确如此。但是，你真的理解冰箱这个物品吗？刚才的回答只能证明你了解冰箱的功能，那么，你能回答以下两个问题吗？

- 冰箱冷却食物的原理。
- 冰箱的起源和发展史。

对此，你一定支支吾吾地回答不上来了吧。恐怕大部分人对以上两个问题的答案一无所知，只有少数人略知一二，而能够详细说明的或许只有该领域的专家。从中可以看出，人们虽然了解冰箱的功能，但是对于冰箱的原理和历史等知识却一无所知。**对于事物的不同层面，我们理解与否或者理解的程度均有所不同，因此，对于任何主题或事物，我们都必须思考自己理解了哪些层面，以及理解到了什么程度，这是实现精准理解的两个关键。**

扩充自己的“理解之匣”

什么是理解之匣

人们通过理解之匣来理解事物。例如，在看电影的时候，人们是通过脑中已有的理解之匣来理解作品的。只拥有"故事"这个匣子的人，会以有没有故事情节、故事有趣还是无聊等为标准来欣赏或评价电影；但是，除故事外还拥有"感情描写"和"社会问题"等匣子的人，即使面对情节平淡无奇的影片，也能理解"电影中加害者的杀人动机"或"电影呈现了对刑满罪犯严加管教的国家的缩影"。而只有故事匣子的人，很少会有这样的感悟。

一个人没有理解之匣，就无法自主地思考。人们常说"见解有深也有浅"，其实指的是一个人因拥有的理解之匣种类的多与少而产生的差异。

一个人拥有的理解之匣种类越多，就越能从各个角度由浅入深地进行思考，最终触及事物的本质。

这个道理同样适用于工作。面对某个策划案、产品、项目或客户，你会有什么样的理解呢？工作能力越强的人，拥有的匣子种类就越多，对事物理解得也就越全面，从而可以更高效地取得成果。

时刻询问自己"我真的理解问题本质吗"

人们在理解事物时遇到的最大障碍，便是自以为理解了某事。

以前文提到的看电影为例。对于只有故事这一个理解之匣的人来说，理解故事就等于理解了整部电影。这就是一个人自以为理解某事的表现。

换句话说，"自以为理解某事"指的是一个人认为自己已经没必要进一步理解某个事物的状态，这种状态可以使人感到轻松，但其实存在很大的隐患。因为人在这种状态下，不会进一步深入思考，不会将对故事情节的理解深化到对感情描写或社会问题的剖析。

自以为理解某事的人往往视野狭窄、目光短浅，也正因为如此，他们根本意识不到自己的看法是肤浅的。而同时拥有感情描写和社会问题等理解之匣的人，则能获得更深入的理解。他们在看电影时，会使用相应的匣子，思考主人公采取行动的内在原因、作品背后隐藏的社会问题、导演对拍摄角度的选择等内容，将目光投向故事之外，进行多个角度的思考，以加深理解。此外，对事物不求甚解的人和从多个角度深入思考事情的人之间，由于理解力悬殊，经常会出现无法沟通的情况。

理解力强的人，即使认识到自己已经理解了某事，也会扪心自问："我真的理解问题本质吗？""是否还能从其他角度加深理解？"他们养成了怀疑自己的习惯，想要不断加深对事物的理解。正是这种"贪欲"，强化了他们从多个角度看待事物和深入思考的能力，帮助他们不断创造新的理解之匣。

如果你想提升理解力，就应该养成习惯，时刻询问自己："我真的理解问题本质吗？"**如果你能意识到，世界上还存在很多种自身没有注意到的理解方式，就迈出了扩充理解之匣的第一步。**

激活并充实"脑内图书馆"

认知心理学中有一个理论叫作"图式理论"（Schema

Theory)。图式是一个与认知过程有关的概念，简单来说，就是指人们在接触某个新信息时，活用已知的信息来进行理解的一种方式。这也就是我在前文提到的理解之匣。

人们在理解事物的时候，会用到头脑中已有的理解之匣，理解之匣的种类和数量越多、匣子里的信息越充实，我们就越能快速、精准地做出理解。举个例子：以下 3 条信息呈现的是对一件物品的描述，请你通过这些信息，判断这件物品是什么。

- 一种把电振动变成声波的转换器。
- 用于收听广播、电视和音响等设备发出的声音。
- 通过在耳中的鼓膜附近发出声音，让人获得震撼的体验。

答案揭晓，这个物品就是入耳式耳机。也许有人读完前两条信息就猜到了答案，但如果只考虑这两条信息，我们也可能得出扬声器或头戴式耳机等答案。只有再参考第三条信息，我们才能确定答案为入耳式耳机。

为什么我们可以根据上述信息判断出答案是入耳式耳机呢？这是因为我们在头脑中已经存储了关于入耳式耳机的一般常识，在关于入耳式耳机的理解之匣中，包含着无数个符合以上信息的细节。如果一个人从未使用过入耳式耳机，或者不知道入耳式耳机的存在，那么即使接触到更多的信息，他也无法得出正确的答案。

再以工作为例进行说明。一般情况下，入职5年的员工比入职1年的员工更能胜任工作，这是因为在前者的大脑中，与工作有关的理解之匣更多。策划案撰写方法、产品开发思路、客户沟通技巧、营销策略、会议决策流程等过去的经验和知识都已形成理解之匣，被他们存入了脑内图书馆中。

一个人的脑内图书馆越充实、活跃，他在遇到新信息时，就越能迅速、精确地进行理解，同时提升语言、文章和行动上的表达能力。

本书所介绍的提升理解力的方法，就是增加脑内图书馆中的理解之匣（见图1-1）。

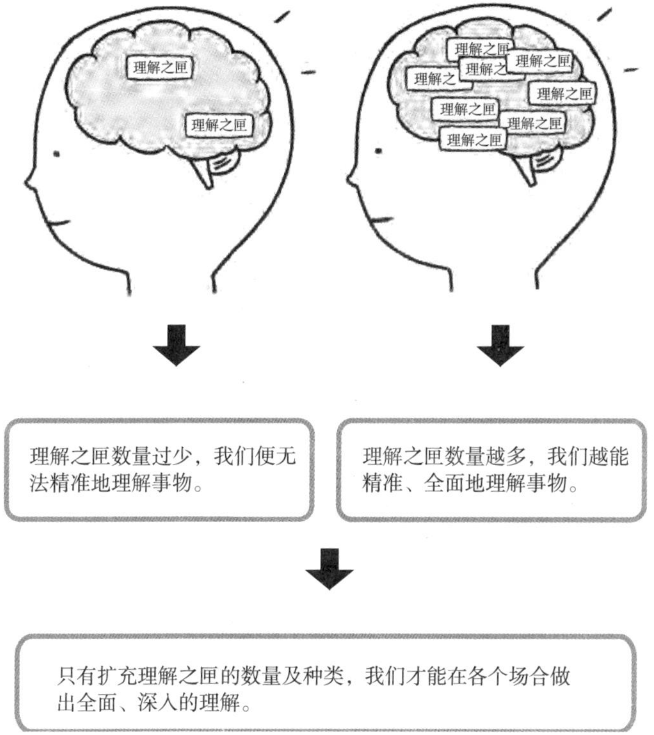

图 1-1　理解之匣越多，理解越精准

测一测你的理解力

你是否能推测出隐藏信息？

阅读文章时，人们会用到脑内图书馆中各种各样的理解之匣。以下面这段话为例进行说明：

> 我们在和 C 公司进行讨论后确定了演讲场地，并落实了在春季发售商品 Z 的计划。至于观众席如何安排，我们将在下周的会议上进行讨论。

相信你大概能够理解这段话的意思。那么你是否知道，"观众席"指的是哪里的观众席呢？

没错，它指的就是演讲场地中的观众席。

为什么你能在文中没有指明的情况下就知道观众席指的是演讲场地中的观众席呢？这是因为你使用脑内图书馆中的理解之匣进行了推测。这段话的第一句提到了以下两点信息：

- **演讲场地。**
- **在春季发售商品 Z 的计划。**

其中，与观众席关系最密切的信息就是演讲场地。一方面，在演讲场地这个词中，包含了场地规模、场地位置、场地布局、最大容纳人数、场地费用等信息，它们组成了演讲场地的理解之匣，也正因为如此，你才能理解这段话里前后文的意思。另一方面，"在春季发售商品 Z 的计划"这个描述里，并没有与观众席相关的信息。

像这样，人们在阅读文章时，会在一瞬间判断出哪些信息之间是紧密相连的，哪些信息之间又是毫不相关的。现在，再试着理解下面这段话：

> 我们在和 C 公司进行讨论后确定了演讲场地，并落实了在春季发售商品 Z 的计划。至于价格，我们将在下周的会议上进行讨论。

你能否指出，这段话中提到的"价格"是指什么东西的价格？

运用上文提到的方法，你会发现，价格既可以指演讲门票的价格，也可以指商品 Z 的价格，二者都与价格有关，且无法判断哪一个与价格的关联更强。像这样，将"观众席安排"替换成"价格"，句意一下子就变得难以理解了。

认真阅读文字，理解文中信息十分重要，然而，信息的真正含义以及信息与信息之间的联系，并不总是能通过表面上的文字或语言来呈现。因此，当你在阅读文章、进行对话的时候，对于文中没有表明的隐藏信息，有必要主动进行推测。

你是否具备推测能力？

在阅读小说时，我们也会用到推测能力。以下面某部小说中的对话为例：

A：健次！好久不见，你怎么样？最近有好好吃饭吗？

健次：我很好。面试时间改到后天了，9 点开始。

A：是吗？希望这次一切顺利。一定要定好闹钟。

健次：没关系，我已经拜托雄一郎一早给我打电话了。

A：以防万一，最好还是多定几个闹钟。

健次：我知道，你不用担心。

A：面试时冷静一点儿。

　　健次：嗯，没问题。我已经是找工作的"老手"了。

　　A：真是的！正因为这样，我才担心呢。

从这段对话中，你能获取哪些信息？

首先，你应该了解的是：

- **健次后天有面试。**

除此之外，你是否也产生了以下理解：

- **健次不习惯早起。**
- **健次正在找工作。**
- **健次屡次在求职中受挫。**

　　这些信息并没有在对话中明确表达出来，也就是说，你推测出了文字背后的信息。能做到这一点，是因为你使用脑内图书馆中的理解之匣对二人对话中的信息进行了分析。

　　在对话中，A 突然说"一定要定好闹钟"，之后又叮嘱健次"最好还是多定几个闹钟"。由此，你能推测出健次不习惯早起。而健次屡次在求职中受挫的信息，可以通过"希望这次一切顺利""正因为这样，我才担心呢"这两句话推测出来。

　　当然，仅看对话，你或许仍然有很多不明白的地方。

例如，和健次说话的 A 是谁？恐怕很多人都认为 A 是健次的朋友，但如果说 A 是健次的恋人或亲戚，也并不奇怪。

实际上，你在阅读对话的过程中，会同时应用到脑内图书馆中"朋友关系""恋人关系""亲属关系"等几个理解之匣。在此基础上，考虑到 A 对健次说话时用到的措辞，以及担心健次的表现，把 A 推测为健次的朋友是较为妥当的。

那么，雄一郎又是谁呢？关于这个人，对话中没有提供其他线索，他是健次的兄弟还是好友，我们不得而知。但是，从健次放心地拜托他一早打电话的情节来看，想必两人关系不错。

像这样，人们在阅读时，对于文章中没有提及的信息，会使用自身已经掌握的知识和表达方式进行比较，一一做出推测。

为充分发挥推测能力，人们必须充实并激活自己的脑内图书馆，在平时不断应用理解之匣，养成主动推测隐藏信息的习惯。 如果你懒得思考，就无法激活理解之匣，到了关键时刻，可能就无法做出精准的理解。

在生活中勤思考、多推测，不断激活自己的理解之
匣吧！

理解事物的 4 种主要方式

人们理解事物的主要方式有 4 种：倾听、阅读、体验
和思考（见图 1–2）。灵活运用这 4 种方式，你的理解力
就能有所提升。

方式 1：倾听

倾听是我们理解他人表达最重要的途径之一。在职场
上，无论是开会、推销、谈判、接待客人，还是进行报
告、联络、商谈，我们都需要用心倾听。而在倾听的同
时，我们也在加深自己的理解。

在倾听时提问有助于我们进行理解。当我们有疑问或
有没听明白的地方，以及想要确认细节、深入挖掘信息
时，都可以进行提问。**提问是我们从他人那里获取信息的
有力手段。**

傾听

阅读

体验

思考

图 1-2　理解事物的 4 种主要方式

方式 2：阅读

在我们的日常生活中，阅读与倾听所占的分量几乎是一样的。在职场中，我们需要阅读大量的策划案、提案、报告、演示资料、会议记录等文件。如今，我们还会通过电子邮件和线上交流获取文字信息。

我们在进行阅读理解时，一定要把握文章的结构和框架。例如，商务文书的结构一般是"总—分—总"，即开头概述整体框架或得出结论，中间部分展示具体事例和数据，结尾表达对今后的展望或阐述发展方向。

只要我们把握住文章的结构，就能有意识地抓住重点，从而提高阅读理解能力。

方式 3：体验

想要实现精准理解，最有效的方式就是去体验。用眼睛看、用嘴品尝、亲身尝试、全身心感受，这些都是体验的方式。例如，当我们想要了解日本 3 大珍馐之一的乌鱼

子时，即便听了非常详细的介绍，也比不过实际品尝过的
人理解深入。**人们对体验的理解胜过对语言的理解。**亲身
体验过的事情更容易在大脑中留下深刻印象。通过体验来
进行理解的人，其表达（如语言、文章、行动）往往也更
有分量，更具深度。

方式 4: 思考

基于思考的理解是一种"自发地察觉"。在我们的脑
内图书馆中，信息经过大脑的归类，会被划分到各种各样
的理解之匣中。

例如，"马拉松"这个词本身代表了一个匣子，但除
此之外，它还被划入了"运动""有氧运动""痛苦""长
跑"等匣子里。由此，当我们接收到"人生很漫长"这一
信息的时候，大脑会自然而然地将其与马拉松联系起来，
使我们想到"人生就像一场马拉松"。

这种基于思考的理解在一般情况下是偶然发生的，但
如果我们带着是什么、为什么和怎么做之类的问题去主动

思考，理解力就有可能进一步提升。**提问是推动思考的诱因。**

无论我们采用哪种方式进行理解，都要先明确自己表达的目的，以及会将信息应用于何处。

表达的目的明确了，我们就更容易对接收到的信息进行取舍，也能更及时发现遗漏之处。所以，当你接收到新的信息时，请试着把它与脑内图书馆中已有的理解之匣联系起来，如"把 A 信息和 B 信息放进同一个匣子里""打造新的匣子"等。思考信息与信息之间的关联，能够帮助你更顺利地做出判断。

做到精准理解的 3 个步骤

至此，想必你已经了解了脑内图书馆的结构和大框架，那么具体应该怎么做，你才能充实、激活自己的脑内图书馆，提升理解力呢？可以参考以下能够帮助你做到精准理解的 3 个步骤（见图 1-3）。

步骤1，理解词汇的含义

我第一次听说这个词。

让我查查是什么意思吧。

步骤2，按照"干—枝—叶"的顺序进行理解

这个信息的主题是什么?

从"主干"到"枝叶"把握信息。

步骤3，用批判性思考加深理解

新闻是这么说的。

新闻

这么理解真的正确吗?

图 1-3　做到精准理解的 3 个步骤

步骤 1，理解词汇的含义

理解词汇的含义是我们做到精准理解的第一步，因为人类大部分的理解行为都以语言为媒介，而语言的基础就是词汇。

举个例子，当成年人告诉孩子"关于修订日本宪法的评价毁誉参半"时，孩子并不能理解其中的含义，这是因为他们不懂"修订宪法""评价""毁誉参半"等词语的意思。

这时，成年人就需要向孩子解释毁誉参半的含义，而孩子在理解这个词语的同时，脑内图书馆中就会形成一个名为"毁誉参半"的匣子。如果孩子意识到毁誉参半这个词是一种评价，就会同时将它放进"评价"这个匣子里。一个词本身可以构成一个匣子，同时它也可以被囊括在与之相关的匣子中。

将新信息存入脑内图书馆的孩子，下次再听到毁誉参半一词的时候，就能马上理解它的含义。倘若孩子能主动将毁誉参半这个词应用在合适的句子里，那么他的脑内图书馆便能更加充实、活跃。

当你第一次听到某个词时，如果忽略它的意思，就无法将其存入脑内图书馆。 反之，如果你通过检索等方式消除疑惑，那么这个新词就会在你的脑内图书馆中形成新的理解之匣。

无论是对话、读书、查阅资料还是看电视，我们都是在对语言进行理解。

一名商务人士应该正确地理解自己身处的行业、公司、部门，以及所负责的项目中与工作相关的词汇的含义，只有这样，才能充实和激活自己的脑内图书馆，理解新信息的速度才会加快，这是因为其脑内图书馆中已有的理解之匣不断得到了应用。

我们努力记下来的词，如果长期得不到应用，就会失去活性，最终在脑内图书馆中消失，这就是遗忘。我们只有频繁地提取并应用这些词汇，才能逐渐将它们激活。

步骤 2，按照"干—枝—叶"的顺序进行理解

按照从"主干"（整体信息）到"枝叶"（细节信息）的顺序理解事物，是我们做到精准理解的重要步骤。请阅读下面的段落 1：

地形平坦，最高海拔为 318 米。面积是日本九州岛的 1.23 倍。建立了将 IT 技术应用于行政事务的电子政府，除了结婚、离婚手续，其余 99% 的行政手续都可以在网上办理。

相信你肯定不理解这篇文章在说什么。其实这是一段对某个国家的介绍，但由于文中没有显示出国名这一最为关键的信息，我们就无法顺利理解它的含义。那么，请再阅读下面的段落 2：

毗邻波罗的海和芬兰湾的北欧国家爱沙尼亚地形平坦，最高海拔为 318 米。国土面积是日本九州岛的 1.23 倍。该国建立了将 IT 技术应用于行政事务的电子政府，除了结婚、离婚手续，其

余 99% 的行政手续都可以在网上办理。

与段落 1 相比，段落 2 是不是更容易理解？这是因为段落 2 在一开始就点明了国名这一关键信息。

人们的大脑会按照"干—枝—叶"的顺序加深对事物的理解。其中，理解主干就是指理解事物的主题。

在实际工作和生活中，有一部分人不善于在沟通时向他人传递事物的主题。在和这样的人沟通时，你需要主动对其话语中的主题进行确认，询问对方："您想表达的是什么意思？"

步骤 3，用批判性思考加深理解

如前文所述，在进行理解之前，我们有必要先思考一下自己要理解事物的哪些层面，以及应该理解到什么程度。理解不应该是片面的，但对于某一事物或事件，人们常常只理解了 A 面，却没能理解 B 面。

在此举例进行说明。某销售团队将销售模式从面对面推销转换成了线上销售，之前业绩出色的销售员一个接一个地离职，该团队的业绩也有所下降。对此，一般人会把业绩下降的原因归结于销售模式的转变和优秀销售员的不足，但这真的是销售业绩下降的本质原因吗？销售业绩下降的原因，可能是产品受到竞争对手推出的新产品的影响，也可能是市场需求本身的变化导致消费者对本公司产品的需求减少。**为了精准地理解事物的本质，我们要时刻将怀疑的目光投向思考对象，进行批判性思考。**

批判性思考，也被称为"思辨"，指的是对一个人的想法提出质疑。以上文的例子来说，在探寻销售业绩下降的原因时，团队成员需要进行批判性思考，想一想这一情况的出现是否真的是受销售模式转变的影响，是否真的是因为优秀销售员的不足，我们需要将主观臆断、自我期望等因素全部排除，用多元视角进行观察和分析。

因此，用多元视角审视思考对象也很重要。很多情况下，一个答案从 A 角度看是合理的，但从 B 角度看就会出现问题。

多元视角，也意味着不忽略、不排除所有的可能性，因此，我们不能过分拘泥于自己现有的视角。当我们用多元视角观察思考对象，发现之前没有注意到的意义和价值时，就有可能获得新的理解。

如果你能经常询问自己："这样理解真的正确吗？"，就能及时启动批判性思考。同理，如果你在阅读本书时进行批判性思考，就一定能够对理解本身产生更深刻的认识。

修正认知偏差，让你的视野更广阔

每个人都会有认知偏差。认知偏差指的是人类思维上的偏差，也可以说是一种偏见、成见、固定观念。**如果我们在看待事物时认知偏差过大，视野就会变得狭隘，以至于理解不了该事物。**

如前文所述，我们需要使用理解之匣来理解事物，但同时，我们也不能盲目地相信这些匣子。因为既有的理解之匣有时会引起认知偏差，让我们无法产生新的理解。

例如，当你在一篇文章中看到"联合国可持续发展目标""气候变暖""商业模式"等关键词时，或许会下意识地认为这是一篇有关改善地球环境的商业提案。但仔细阅读这篇文章，你可能就会发现它反而一针见血地指出了联合国可持续发展目标的问题，而这颠覆了你的全部认知。

如果你在阅读文章时盲目地相信自己已有的认知，产生先入为主的想法，就会忽略了文中的新信息，错失了获得新的理解之匣的机会。

有两种方法可以避免我们因认知偏差产生错误的理解。第一，意识到人类是容易产生认知偏差的生物。第二，当我们自以为已经理解某事时，一定要再思考一下自己是否产生了认知偏差。

只要对这两点有所关注，我们就能基本避免因认知偏差而导致的错误理解，更有可能跨越自以为理解某事的障碍。

你能否及时修正认知偏差？

"卡车司机一到家，丈夫就像往常一样笑容满面地出来迎接。"读到这句话，你是否会觉得有点儿奇怪？

感到奇怪的原因很简单，就是因为你在阅读时会自然而然地将"卡车司机"和"男性"联系起来。但是，卡车司机也有可能是一名女性。除此之外，文中还有丈夫迎接妻子的表述。我们不能先入为主地认为只有妻子才能迎接丈夫，而要重视这句话本身所表达的信息，这样才能做到精准理解。

让我们再来做一个测试。你认为图 1-4 中的（a）和（b）两幅图形所表示的分别是什么？

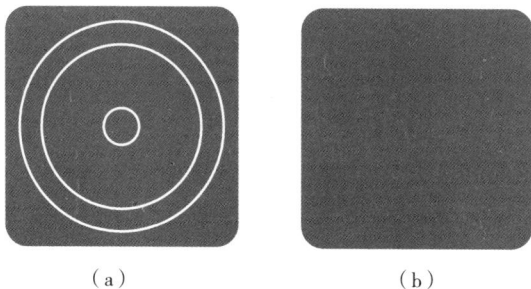

（a）　　　　　　　　　　（b）

图 1-4　两幅图形

　　答案是，这两幅图形表示的都是路障（一种底座为正方形，上部为圆锥体的交通路标）。（a）是从俯视的角度观察路障得到的图形，（b）则是从仰视的角度观察路障得到的图形。

　　一般人很难猜到这两幅图所反映的事物是相同的，这是因为"路障 = 圆锥体"的观念已经牢牢地印刻在了人们的认知中（见图 1-5）。但"路障 = 圆锥体"是一种认知偏差，也就是说，深信路障只能是圆锥体的人，根本不会将图 1-4 中的图形和路障联系起来。

图 1-5　路障侧面外观

　　其实，只要稍微改变观察的角度，我们就不难得出正确的答案。在理解其他事物的时候也是如此，我们有必要经常思考：如果从不同的角度看同一件事，结果会不会不一样？如果我们不这么做，就会陷入自以为理解某事的误区。

因此，当你自以为已经理解某事的时候，一定要再反思一下自己是否产生了认知偏差，并根据情况及时修正。

1%の本質を最速で
つかむ「理解力」

第 2 章

精准理解的步骤 1，
向"脑内图书馆"输入信息

「書く」「話す」「伝える」…
あらゆるアウトプットで結果を出せる!

探索每一个小问题的答案，
是提升理解力的关键。

词汇量的大小决定理解力的高低

人们在进行理解的时候会用到词汇。词汇是一种信息，具有一定的含义。人们只有认识了词汇的含义，才能理解语言。如今的人们身处于一个信息爆炸的时代，倘若不懂得一些词的意思，就有可能在思想上落后于人。

举一个最简单的例子，"销售"这个词的含义是售卖商品，如果你不知道销售的含义，也就无法理解店面销售、网络销售、销售战略等衍生词的意思。此外，当你用字典查询某个新词时，会发现这个词的释义中也包含其他词。在阅读文章或倾听别人时，如果你遇到了不认识的词，就难以将上下文联系起来进行理解，若连续碰到两三个不认识的词，就会陷入束手无策的境地。

要想提升理解力，就不能忽视对词汇量的扩充，当你遇到不认识的词时，一定要查字典，不能一带而过，也不能抱着不求甚解的心态敷衍了事。

那么，一个人该如何扩充词汇量呢？

我建议从自身日常接触较多的领域入手。如果你是某服装厂商营销团队中的一员，那么，通过阅读与时尚、营销和消费行为心理学相关的图书，你就能够在工作场合做出更为灵活的表达。如果你想用更为丰富的表达方式来形容一个人美丽或帅气的外形，可以参考一些时尚杂志，使用婉约、飒爽、俏丽、端庄等词语。通过理解词语的含义，你就能根据不同场合做出最恰当的表达。

增加学习用语的储备量

阅读图书和杂志的确可以扩充你的词汇量，但要想提高阅读效果，你还需要掌握与学习有关的词汇，也就是学习用语。

除日常用语外，人们也会接触到一些学习用语。这些词汇在人们生活中的使用频率并不高，但经常在杂志、教科书、参考书、新闻报道中出现。在某些情况下，一个人如果不明白某个学习用语的意思，就无法进行精准的理解。学习用语大多是书面语。为了增加学习用语的储备量，你要在平时有意识地多阅读书面语。

也许有人会说："我经常在网络上阅读。"他们所阅读的内容不是日常的聊天记录，就是社交媒体上的日记或杂文。这样的阅读起不到学习效果，因为他们读到的大多是日常用语。

一个人能否在阅读时高效地理解书中的内容，很大程度上就是由其学习用语的储备量决定的。

对于学习用语的掌握越深入，你所撰写的文章就会越深刻，特别是在撰写说明文、报告、合同等文章时，你需要拥有丰富的学习用语储备。这也要求你平时多去阅读能够提供信息的文章，以积累更多用于表达的学习用语。

将词汇存储于脑内图书馆

如果一个人完全不使用存储在脑内图书馆中的新词，那么这些词汇总有一天会被他遗忘，所对应的理解之匣也会消失。

避免遗忘某个词的唯一方法，就是在对话和写作时反复使用它。

"若要用一个词来形容这位女演员，那就是'出水芙蓉'。"像这样，通过使用出水芙蓉一词进行表达，你就能提高这个词的理解之匣在脑内图书馆中的存在感。激活"出水芙蓉"这个匣子后，你再次用这个词进行对话、写作，就会变得自如。

同理，当你看到姿态、动作都很优美的女子时，会用"婀娜多姿"一词来形容她，这是因为婀娜多姿一词被你存储在脑内图书馆中，处于可以被灵活运用的状态。如果这个词没有被我们存储在脑内图书馆中，那么在形容该女子时，你就缺少了一个合适的词语（见图 2-1）。

图 2-1　在脑内图书馆中储存新词的过程

想要表达却找不到合适的词，会让发言者陷入焦虑的状态。在大多数情况下，一个人无法将自己想说的话脱口而出的原因在于他脑内图书馆中的词汇量储备不足，或词汇处于未被激活的状态。因此，你需要重视以下两个事实：

- 要想理解词汇，必须先扩充词汇量。
- 要想顺利进行对话、写作等表达，也要先积累词汇。

在对词的理解上达成共识

在商务场合，你还应该在沟通过程中和上司、同事、客户等人就对同一个词的定义达成一致意见。若你在与他人理解不一致的情况下贸然推进工作，就有可能导致理解偏差、被人误解、意见不合等后果。

举个例子，某公司的一位上司指示下属去察看工厂。下属完成察看后，向上司汇报了生产线的情况，结果上司并不满意。这是因为上司想要了解的并不是生产线的情况，而是产品的情况。也就是说，上司和下属对"察看工厂"一词产生了如下理解偏差：

- 上司：察看工厂意味着检查产品的情况。
- 下属：察看工厂意味着观察生产线的情况。

上司在下达指令时，没有明确说明"去检查一下产品的情况"，而下属也未能事先向上司确认察看的具体方向，因此双方都有责任。

再举一个例子。假设员工 A 和员工 B 在商讨公司产品标识设计的事宜，对话内容如下：

A：我们要设计什么样的标识呢？

B：比起可爱的风格，我感觉帅气一点儿的风格会更好。

A：原来我们需要酷帅的风格啊。交给我吧！

员工 A 按照自己的理解向设计师传达了意见。几天后，标识设计完成，员工 A 和员工 B 的对话如下：

　　A：标识做好了。

　　B：好的，我看看。嗯……这是什么？

　　A：怎么了？

　　B：哎呀，这个设计一点也不帅气，反而有
点儿普通啊。

　　A：是吗？

　　这两个员工看似沟通得很顺利，但结果却没能让双方
都满意，这种情况在现实中很常见。标识的设计之所以以
失败告终，是因为员工 A 和员工 B 没有对"帅气"的定
义达成共识。帅气的风格可以是华丽的，也可以是流行
的；可以是单色调的，也可以是色彩丰富的。不同的定义
会催生出完全不同的设计。如果在员工 B 提出想体现出
帅气的风格之后，两人进行进一步确认，就可以避免这样
遗憾的结果。

　　当然，"华丽的""流行的"等说法也显得不够明确，
因此若想要消除两人之间理解上的偏差，可以对标识的颜
色、色调、笔触、字体等进行更具体的讨论。**如果你想要
达成对词汇的精准理解，就必须在对词汇的定义上和他人**

达成共识。

尝试说明词语概念

理解力强的人能够对某个词的概念进行明确说明。举个例子，欧蕾咖啡和拿铁咖啡这两种饮料的区别如下：

- 欧蕾咖啡：在滴滤咖啡中加牛奶。
- 拿铁咖啡：在浓缩咖啡中加牛奶。

不清楚这两种咖啡制作过程的人，就不会理解它们为什么不同。虽然一个人仅仅不知道欧蕾咖啡和拿铁咖啡的区别，并不意味着他的理解力弱，但是，这些微小的理解上的差距不断积累，就会成为影响一个人理解力强弱的关键。

探索每一个小问题的答案，是一个人有意识地提升理解力的关键。举个例子，在市场部门工作的员工如果无法精准地理解"诉求""利益"等词的意思，就无法和相关人员沟通，进而连最基本的工作也很难顺利完成。

当你想确认自己是否理解了某个词时，可以尝试对这个词进行说明，即向熟悉这个词的人说出你的理解，并向他确认你的解释是否正确。如果你能够解释清楚，便说明你做到了精准理解。

当然，你也可以通过查字典或网络搜索来确认某个词的概念，但在此之前，你最好自己先在心中对这个词做出解释，建立一个假设，然后再进行确认。预先形成一种认识后，你更容易在确认时发现自己的理解和正确答案之间的差别，从而更加精准地认识到自己哪里没有理解到位，以及还需要去理解什么。

当你觉得自己对某个词一知半解的时候，应该主动出击，尝试输出你的理解，看看自己能解释到什么程度。

理解语境，体会"言外之意"

理解词汇的定义对提升你自身的理解力非常有帮助，但在理解事物的过程中，你不仅要关注词汇的定义，还要做到理解文脉。其中，"脉"指的是连贯成系统的事物，世界上有山脉、水脉、矿脉、叶脉等各种各样的脉络，同样，语言和文章也有自己的文脉。文脉的定义如下：

> 文脉是指词语或句子之间的逻辑性联结。文脉可以帮助你推测出作者的本意、目的和看法，以及隐藏在文字背后的信息。

在工作和生活中，如果你未能理解他人表达中的文脉，就会在沟通时和对方产生分歧，在谈话、写作、行动时出错，甚至还会冒犯他人，影响自己的人际关系，从而陷入困境。

测一测你的理解力 —————

1%の本質を最速でつかむ「理解力」

你能理解他人话中的文脉吗？

在一次会议上，佐藤的汇报表现不佳，课长对此提出了建议。两人的对话如下：

上司：佐藤，我听了好几次你做的汇报，感

觉听众的反应不太热烈。

　　佐藤：是我的问题……对不起。

　　上司：做汇报最重要的不是说自己想说的，而是要迎合听众的兴趣。

　　佐藤：我明白了。

　　上司：我发现你的目光总是停留在资料上，而没有看向听众。不认真对着听众讲话是不行的。

　　佐藤：我知道了，下次我会改正。

　　上司希望佐藤会有所进步，但遗憾的是，在接下来的一次会议中，佐藤的汇报表现依旧不理想。两人的对话如下：

　　上司：对于今天的汇报，你感觉如何？

　　佐藤：我觉得比以前做得好。

　　上司：你真的这么认为吗？

　　佐藤：是的，我能直视听众的眼睛了。

　　上司：直视听众的眼睛就够了吗？

　　佐藤：是的，您上次不是建议我看向听众吗？

　　上司：我的意思是，你要去观察听众的反应，然后讲一些能引起他们兴趣的内容。

　　佐藤：啊，原来是这个意思啊！

上司：……

佐藤的问题在于，他没能理解上司话里的文脉。阅读对话后，你就会认识到，上司所说的"看向听众"是指观察听众的反应、试探听众的兴趣，但佐藤却以为看向听众单纯是指直视听众的眼睛。佐藤没能把上司的建议同观察听众反应这个目的联系起来，因此，没能理解对方想表达的重点。

测一测你的理解力 ————
1%の本質を最速でつかむ「理解力」

你具备深度思考语言的能力吗？

假设你是一位助理导演，有一天，你收到了如下指示：

明天好像会下雨，拍摄外景的时候注意不要让演员为难。

你会如何理解这句话呢？

文脉理解能力弱的助理导演理解如下：

要准备塑料伞为演员挡雨。

文脉理解能力强的助理导演理解如下：

> 指示的本意是不要让演员淋湿，并且让演员心情愉快地工作。

> 天气预报说明天会下很大的雨，所以我要准备又大又结实的雨伞。以防万一，还要准备能够盖住全身的雨衣。另外，考虑到演员有可能不慎淋湿，要预备毛巾和浴巾。演员淋雨后可能会着凉，所以还要备好热饮。

最终，第二位助理导演更为出色地完成了上司交代的工作。

由此可见，文脉理解力的强弱带来的差别是显著的。文脉理解力弱的人有如下特征：

- **不能完全理解文脉中蕴含的信息。**
- **欠缺深度思考语言的能力。**

如今，人们通过文脉进行沟通已然成为一种文化。因此，你在理解语言时不能仅仅看字面上的意思，还要同时关注其背后隐藏的信息。

提升文脉理解力的 5 个要点

要想通过训练提升文脉理解力，你需要注意以下 5 个
要点：

┌─────────── 理解力提升指南 ───────────┐

提升文脉理解力的 5 个要点

- 仔细观察别人（观察这个人的表情、语
  气、神态、写作风格等）。
- 思考他人究竟想表达什么，一篇文章的
  主旨是什么，一个现象意味着什么。
- 判断谈话对象的性格。
- 思考事件发生的背景。
- 思考事物的本质。

└──────────────────────────────────┘

日本搞笑艺人组合鸵鸟俱乐部有一个著名的段子，名
叫"不要推我！绝对不要推我"。在一个热水池前，组合成
员上岛刚对搭档说了"不要推我！绝对不要推我"后，立

刻就被对方推进了水池，从而引发哄堂大笑。这里上岛所说的"不要推我！绝对不要推我"，其实恰恰是"快来推我"的意思，这便是以搞笑为目的的表达中的文脉。

现实中也有很多类似的例子。有的人会说："不要告诉他这件事情是我做的，倘若让他知道后心里有了负担，那我就太过意不去了。"但这句话的真正意思或许是"你要告诉他，但同时要注意分寸，不要让他觉得我是在施恩图报"。

此外，一个人在鉴赏诗词、俳句、歌词时，也是以理解文脉为前提的。

当你对对方的言外之意感到疑惑的时候，仔细揣摩话中所暗含的深意，并利用自己已有的理解之匣进行推测，就一定能找到隐藏在其中的文脉。在与人沟通时，你若不能理解对方话里的文脉，就会使沟通效率大打折扣。

在此可以以恋爱关系为例进行说明。假设约会中的一方突然心情变差，如果另一方不认真地梳理整个约会的经

过，找到对方心情变差的真正原因，那么两人之后的关系
一定会出现裂痕。所谓的沟通能力，就是指理解文脉的
能力。

通过上述 5 个要点强化文脉理解力，有助于你理解语
言或文章的真实含义，及时察觉他人的心情和想法，根据
当下的情况做出正确的判断；还有助于你提高解决问题、
预测事态未来走向的能力。也就是说，通过理解文脉，你
会逐渐成长为一名高效且优秀的职场人士。

避免手机依赖导致的理解力衰退

如今，人们用手机就能便捷地获取信息。打开地图
App，人们可以轻松获取通往目的地的所有路径。新闻、
商品的个性化推送倾向越来越明显，人们比以往任何时候
都容易锁定自己感兴趣的信息。

将问题输入手机的搜索引擎，只需几秒钟就能得到解
决方案，在不费吹灰之力就能获得信息的今天，人们慢慢
变得不愿意主动思考。

人类的大脑本就具有惰性，不为大脑增添多余的负荷是人的本能。对于大脑来说，被动接收信息是最舒服的状态，但懈怠的结果就是脑内图书馆的失活，长期得不到使用的理解之匣也会逐渐消失。

随着理解之匣的减少，大脑的思考能力会逐渐衰退，人的理解力也会变得越来越差。正如汽车闲置的时间越长，发生故障的概率就越大一样，大脑如果不活动，功能就会逐渐退化。

社交媒体也隐藏着导致脑内图书馆失活、衰退的危险因素。现实中，盲目相信社交媒体上的消息、自以为是的人不在少数。更有甚者，会把毫无根据、真假不明的文字信息和随意截取的视频片段在网络上大肆传播。这些人欠缺的正是解读表达背后的文脉、主动加深对信息的理解的能力。但令人遗憾的是，这些人往往会自认为进行了思考，且自己的理解是正确的。

当今人们理解力退化的根本原因并不在于智能手机和社交网络，而在于那些对它们产生强烈依赖，以至于放弃了独立思考的人身上。

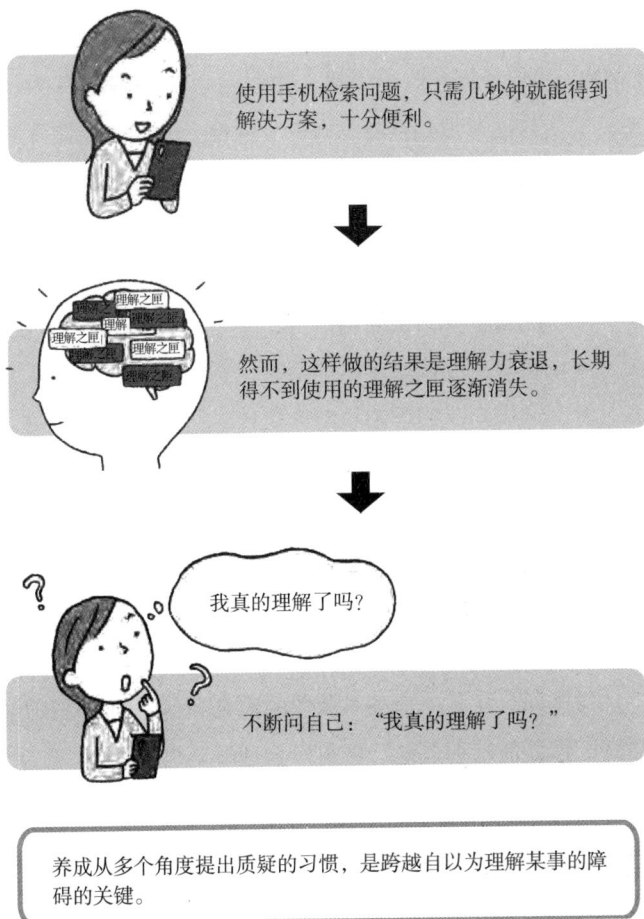

使用手机检索问题, 只需几秒钟就能得到解决方案, 十分便利。

然而, 这样做的结果是理解力衰退, 长期得不到使用的理解之匣逐渐消失。

我真的理解了吗?

不断问自己: "我真的理解了吗?"

养成从多个角度提出质疑的习惯, 是跨越自以为理解某事的障碍的关键。

图 2-2 摆脱手机依赖能提升理解力

在智能手机和互联网盛行的时代，不断自鸣警钟是人们提升理解力最有效的手段。摆脱自以为理解某事的状态，迫使自己意识到自身理解的片面性，人们就能提升理解力。因此，当你认为自己理解某事后，你可以这样询问自己：

- 这么想真的正确吗？
- 事情为什么会是这样的呢？
- 这样判断的理由和依据是什么？
- 信息的来源是什么？
- 通过这个事实，可以预测出什么结果？
- 这些信息背后隐藏着什么深意？
- 还有更好的解决方法吗？

像这样，从多个角度对获取的信息和自己的想法提出质疑，你就能够有效地跨越自以为理解某事的障碍。

使用符合语法规范的表达

聊天软件也是导致人们理解力衰退的罪魁祸首之一。

如今，人们已经习惯了在聊天软件上用表情包进行交流，
越来越不擅长使用完整的句子来进行表达。同时，人们也
已经很难与他人进行长时间的深入交流，久而久之，理解
力便会衰退。

现在，人们越来越倾向于在聊天软件上进行不符合语
法规范的交流。当你突然收到朋友"不妙""没劲""烦"
等消息时，就算和对方的关系再亲密，也无法了解对方究
竟遇到了什么事。

使用碎片化的文字和表情，是一种放弃主动表达的体
现。在日常生活中吝于主动表达的人，进入职场和社会
后，往往也不能准确地向他人传达信息。

通常情况下，上司不能默许不符合语法规范的交流。
当下属一边说着"这个"一边把报告书递给上司时，上司
会反问："这个怎么了？"督促对方把话说完整；上司自
己也会提出"可以在今天之内把写好的报告书给我看一下
吗"等符合语法规范的指令。

面对牙牙学语的孩子时，父母会有意识地培养他的语言表达能力。当孩子张口说出"妈妈，零食"的时候，母亲并不会立刻将零食递给孩子，而会询问孩子"什么零食呀""零食怎么了"，引导孩子亲口说出："我肚子饿了，想吃点儿零食。"母亲也会进一步提问"你想吃哪种零食"，引导孩子回答："我不想吃饼干，想吃水果。"多让孩子练习表达，孩子的脑内图书馆就会变得充实、活跃。

在提升理解力时，要多去接触正确的、完整的表达方法。 当你发现周围人有表述不清晰、表达不完整等问题时，一定要重视起来，帮助他们规范表达。

学会倾听，将注意力转向对方

很多时候，人们在和他人聊天时，看似是在倾听，实际上往往会一边听一边思考着其他事情，或者斟酌自己接下来要说什么，其实并没有认真去听对方的话。有的人会在附和对方之后讲起自己的情况，也有的人完全听不进对方说的话，一直在自说自话。

倾听他人原本就不是一件容易的事情, 我自己曾长期
从事采访工作, 对于倾听的不易有深刻的体会。

在很多采访中, 我要面对的是与自己的价值观和思维
方式完全不同的人, 除了对方所说的话, 我还要通过捕捉
对方的表情、语气、动作等非语言信息来判断对方的感
受、想法和目的。

在倾听时, 我必须调动自己的感知力, 同时锻炼自己
体察情绪的能力。

此外, 倾听也是心理医生在进行心理咨询时会用到的
技巧, 他们会对咨询者怀有兴趣、表达关心, 一边认真听
咨询者所讲的话, 一边理解对方想要传达的心情, 与之
共鸣。

掌握倾听的技巧, 养成倾听的习惯, 能帮助你提升理
解力。以下是倾听时需要注意的 6 个要点:

理解力提升指南

倾听时需要注意的 6 个要点

- 尊重对方，认真倾听。
- 不轻易否定对方，尽量从肯定的角度理解对方。
- 看着对方的眼睛，做出附和、点头等回应。
- 时刻在口头上表示对对方的理解。
- 除了语言，还要关注对方的表情、语气、动作等非语言信息。
- 努力去理解对方的心情和感受。

倾听的本质是将自己的注意力转向对方。善于倾听能极大地提升表达的效果，帮助我们从对话中获得更多的信息。倾听看上去似乎很简单，但实际操作起来并非如此，因为人们很容易在聊天时不小心说了多余的话，或者听着听着就变得心不在焉。

一个人要想变得善于倾听，最好在听完他人说话后用自己的方式对听到的内容进行复述，这种复述可以是说话，也可以是写字，还可以是将要点归纳在笔记本上。**以表达为前提倾听对方，你会得到更深入的理解。**

通过"观察 + 想象"的方式进行推测

请看下面两句话：

- 你坐在了椅子上。
- 椅子坐在了你身上。

对此，你应该立刻就能判断出第一句话的表达方式是自然的，第二句话的表达方式是不自然的，这是因为你知道椅子是不能动的物体，不可能做出坐下的动作。像这样，人们利用脑内图书馆中的理解之匣，能够在瞬间做出各种判断。

再看下面两句话：

- 鳄鱼吃了青蛙。

- 青蛙吃了鳄鱼。

同样，绝大多数人知道青蛙吃不掉鳄鱼，因此会认定第一句话的表达方式是自然的，第二句话的表达方式是不自然的。但实际上，大体形的青蛙吃鳄鱼宝宝的可能性是存在的，因此，认为第一句话的表达方式更自然，而第二句话所描述的事情虽然发生的可能性很低，但也不是不可能的人，理解力更强。

通过以上例子，我想说明的是，人们理解的目的并不在于得出非黑即白的结论，有时从语言中推导出的答案并非唯一的。如果你要想做到对事物进行精准的理解，就需要提前判断该事物是必须明确分情况分析的，还是没有必要分情况分析的。

认为青蛙吃鳄鱼的可能性很低，但也不是不可能的人，正是运用了推测能力。他们在脑内图书馆中找到对应鳄鱼和青蛙的理解之匣，分析两者的体型大小、发育过程、爆发力、战斗力等条件，综合了所有的可能性后，才得出上述结论。

综合分析所有信息和条件，进行思考，得出结论，这
种推测能力是人工智能所不具备的，因为如果要求计算机
做到这一点，就需要先进行大量的数据输入。然而，推测
能力是人类与生俱来的能力，因此，提升自身的推测能力，
能帮助你在人工智能时代成为有用的人才。

关注数字和专有名词

理解力强的人会关注数字和专有名词等信息。在说明
这一点之前，请你先分别比较 A 和 B 两人的表达方式：

A：预计会有不错的销售额。

B：预计月销售额能达到 1 500 万日元左右。

A：参考那个创意。

B：参考在赤坂举办的以"悠久"为主题的
书信传意活动。

如果你从是否易于理解的角度判断，会发现 B 的表
达方式比 A 更胜一筹。A 所说的"不错""那个"等词的
含义有些模糊，会使人摸不着头脑；而 B 使用的表达中

出现了数字和专有名词，措辞更明确。

数字和专有名词是一种非常具体的信息，在商务场合，关注数字和专有名词对人们做出精准的理解大有帮助。当你遇到模棱两可的表达时，也应该进一步对其中出现的数字和专有名词进行确认，不能犯想当然的错误。具体可以确认的内容如下：

- "不错"的销售额是指多少？
- "那个创意"是指什么创意？

当你向他人传达信息的时候，也要有意识地多使用数字和专有名词，从而使表达更加清晰。

不过，数字有时也可能欺骗、误导他人。例如，"销售额比上一年增长了300%"的说法表面上可以证明今年业绩很好，但实际上，上一年的销售额可能低得惊人。所以，面对数字，你一定要注意检查数字形成的过程和来源，验证信息的正确性、合理性。

阅读纸质书，保证已知信息
与新信息比例为 7∶3

　　读书对提升人的理解力非常有帮助。书中蕴含着丰富的信息，如新知识、新概念、新观点等，通过读书，你会接触到各种知识和体验，并将它们逐步内化为自己的认知。

　　此外，读书还能让你的思考更加活跃。在阅读时，你的脑内图书馆会处于全力运转的状态，使你能够将几秒钟前读到的信息存入大脑，同时利用这些信息解读正在看到的文字，并推测接下来的内容。然而，网络上的文章大多是短小的，你在阅读时不需要像在阅读纸质书时那样进行大量的思考。如果将阅读比作"思考的马拉松"，那么读一篇网络文章就相当于跑了 3 千米，而读一本纸质书就相当于跑完一场全程马拉松（42.195 千米）。

　　阅读的文字越多，你的脑内图书馆就会变得越充实、活跃，思考的能力和理解力也会得到更有效的强化。你在读完一本书后所获得的阅读方法和技巧，会帮助你在阅读下一本书时获得更精准的理解。

日本文化厅曾在 2018 年开展过关于阅读的调查，调查结果显示，当被问到一个月大概会读几本书时，回答"一本也不读"的人占比为 47.3%。由此可见，有很多人主动放弃了提高语言表达能力的机会。

阅读本身就是一种需要主动理解的行为，对理解力弱的人来说，读书很痛苦，而理解力强的人能够高效地分析文字，享受阅读。**没有读书习惯的人要想通过阅读提升理解力，首先应降低阅读的难度。**

例如，当你即将开始学习一个新领域的知识时，可以按照以下顺序阅读相关书籍：

- 面向初级学习者的读物（如基础书籍）。
- 面向中级学习者的读物（如应用、实践类书籍）。
- 面向高级学习者的读物（如学术著作和专业书籍）。

你最好不要从一开始就阅读适用于中、高级学习者的书籍，因为这些书中会出现大量你不理解的词句，导致你在阅读时耗费很多时间和精力，从而对读书产生抵触情绪。但如果你从适用于初级学习者的读物读起，就不会遇到太大的困难，轻轻松松就能理解自己读到的信息。

如果对你来说，一本书中已知信息和新信息的比例为7∶3左右，那么这本书便是最适合你阅读的。如果书中满篇都是你从未接触过的信息，那么你处理信息的速度就会跟不上阅读的速度。

我的建议是，从基础文章开始阅读，将基础知识存入你的脑内图书馆，不断增加已知信息。那么接下来在阅读应用、实践类的书籍时，对你来说，书中已知信息和新信息的比例刚好可以达到7∶3，你读起来也就不会感觉吃力了。

在2022年1月，日本昭和大学的研究团队发表了"为什么用智能手机进行阅读会降低阅读能力"这一研究的结果。团队发现，阅读能力的降低受深度呼吸抑制和大脑前额叶皮质过度活动相互作用的影响。平时习惯用手机进行阅读的人，如果感到自己的理解力有所减弱，可以试着去阅读纸质书，感受一下两种阅读方式的差异。

采用主动阅读法

　　阅读理解力强的人在阅读文章时，会动脑筋进行主动阅读（Active Reading），其大脑的活动方式与理解力弱的人有所不同。**理解力强的人不会止步于仅对信息进行大致的理解，而会争取实现透彻的深度理解。**为此，他们会主动地、有策略性地采用一系列阅读方法。相对地，理解力弱的人多进行被动阅读，有的人只是用眼睛掠过文字，并不会动脑思考，看完书后，却没有获得任何思想上的理解。想要学习理解力强的人所采用的主动阅读法，要做到以下 6 大要点。

要点 1，阅读文章框架：

* 　　一边阅读一边思考读这篇文章的目的。

- 一边阅读一边思考这篇文章的结论。
- 一边阅读一边思考支撑文章结论的依据。
- 一边阅读一边确认自己的理解正确与否。

要点 2，做好阅读前的准备：

- 先浏览目录、章节标题等内容，把握文章整体结构。
- 决定完成阅读后的复述方式（如书写大纲、口头概述、向他人说明）。

要点 3，在阅读文章时进行思考：

- 思考自己已有的理解之匣和文章传达的主旨有何异同。
- 建立假设，进行推测。
- 时刻问自己"作者为什么这么说""这句话是什么意思"。
- 概括文字的段落大意。
- 思考段落间的逻辑关系，关注连接词。

要点 4，在阅读时勤做笔记：

- 在要点处画线或做标记，便于记忆。
- 通过做笔记归纳重点，而不是抄写全文。
- 把笔记整理成图或表。

要点 5，采取合理的方式处理难点：

- 一边阅读，一边思考自己不明白的地方。
- 在读不懂的地方放慢速度，仔细研读。
- 重复阅读自己理解不了的内容。
- 及时查询生词的意思。

要点 6，在阅读后复盘：

- 阅读后总结心得（如书写大纲、自己口头概述、向他人复述）。
- 回答他人关于文章内容的提问。
- 只总结自己不理解的内容。

主动阅读法的 6 大要点如图 2–3 所示。

要点1，阅读文章框架

一边阅读一边思考阅读的目的、文章的结论，以及支撑结论的依据。

要点2，做好阅读前的准备

先浏览目录、章节标题等内容，决定阅读后的复述方式。

要点3，在阅读文章时进行思考

结合自己已有的理解之匣，问自己"作者为什么这么说""这句话是什么意思"。

要点4，在阅读时勤做笔记

在要点处画线或做标记，通过做笔记归纳重点。

要点5，采取合理的方式处理难点

及时查询生词的意思。

要点6，在阅读后复盘

阅读后总结心得（如书写大纲、自己口头概述、向他人复述）。

图 2-3　主动阅读法的 6 大要点

养成主动阅读的习惯，可以充实和激发你的脑内图书馆，提高你的阅读理解能力。即便你一开始因不理解全部内容而导致阅读速度很慢也不要气馁，对文字有所熟悉后，你的阅读速度自然就会提升。

简明的表达有助于增进理解力

理解力强的人，在写作时也会有意识地将文章写得简明易懂，他们会思考自己写出的文字读者阅读起来是否通顺、易理解，以及是否能引起读者的阅读兴趣。

会站在读者的立场写作的人，在阅读其他文章时也能敏锐地看出其中的优缺点，判断出他人的文章是否结构清晰、是否在语言和表达上下了功夫，以及是否省略了重要的信息。而缺乏相应意识、不会站在读者的立场写作的人，无法一眼辨识一篇文章的好坏。即使他们隐约觉得文章写得不好，也找不到问题的原因。

在理解一件事时，实际体验过的人和没有体验过的人对这件事理解的广度和深度都会有所不同。例如，在格斗比赛现场，没有参加过格斗比赛的人在看到战况胶着时，会大喊："再出手啊！""啊，真让人着急！"参加过格斗比赛的人则能明白，此时并不是参赛者不想出手，而是没有突破点，导致双方都无法出手。**通过实际行动获得直接经验的人，与通过听他人讲述获得间接经验的人，在理解相关的事物时存在云泥之别。**

会在写作时有意识地使用简明表达的人，具有较强的阅读能力和文脉理解力。你为了不让别人对你的表达产生误解而做出的各种努力，最终也会帮助你更加精准地理解事物。

通过小说和电影，
把被动享受变为主动解读

阅读小说和观看电影也可以帮助你提升理解力。这两种方式能够带来以下 3 大好处：

┌─ 理解力提升指南 ─┐

阅读小说和观看电影的 3 大好处

- 好处 1，提升文脉理解力。
- 好处 2，加强对人物的理解。
- 好处 3，提升内在修养。

好处 1，提升文脉理解力

小说和电影都具备故事情节，而理解故事能帮助你理解文脉。小说和电影中的文脉指的是故事情节的衔接，以及隐藏在故事背后的真实意图和信息等内容。

以下是一则简单的故事：

A 平时工作能力出色，上司对他的评价很高。

昨天，A 和女朋友吵架，两人的关系发展到了要分手的地步。

今天，A 在工作中犯了很多错误，被上司训
斥了。

读完上述情节后，对于 A 今天总是犯错的行为而感
到困惑的人，理解力比较弱，因为他没有理解文脉。而理
解力强的人能够解读出文脉，认识到 A 因为和女朋友吵
架，所以前一天晚上可能没休息好，导致第二天在工作中
反复犯错，由此他推测出 A 在工作中反复犯错的原因是
和女朋友吵架以及睡眠不足。

**文脉理解力并不是指一个人对单一场景的解读，而是
指在关注上下文和周围信息的同时，思考整件事的前因后
果，仔细观察、推测的能力。通过接触大量的小说和电
影，并在此过程中养成仔细观察的习惯，你就可以提高自
己的文脉理解力。**

好处 2，加强对人物的理解

你在欣赏小说和电影时获得的后续体验也能强化你的

理解力。所谓后续体验，是指一个人将虚构作品中他人的经历通过重现转化为自身的鲜活体验。当你沉浸于故事情节中，与主人公产生共鸣时，会感到喜悦、轻松，也会感到苦恼、悲伤和懊悔。小说和电影是虚构的，但通过理解故事情节，你可以体验到他人的人生。

此外，小说和电影中还会有各种各样的人物登场，其中既有充满侠义之心的英雄，也有猎奇的罪犯，这些人物的性格、想法和价值观各不相同。在小说和电影中，不同性格的人物会碰撞出火花，而通过观察这些人物，你也会形成新的思考方式和价值观，脑内图书馆也会随之更新。

例如，当你看到某个嫉妒心强的人物登场时，会通过观察他们的言行举止，更新自己关于"嫉妒心强的人"的理解之匣。如果你对嫉妒心强的人产生了新的认识，那么当你在现实中遇到这样的人时，也能从容应对。相反，如果你不能理解他们的种种表现，就有可能处理不好人际关系。

在小说和电影里见识到各种各样的人物后，无论你在现实中遇到什么性格的人，都能以平静的心态去接受。**这种接纳，是你与他人相互理解的第一步。**

好处 3，提升内在修养

有时，小说和电影中会呈现你在日常生活中接触不到的背景、场所、人物和事件等内容，以及世界各国的历史、文化、职场、生活、风俗、政治体制、经济形势等知识，而吸收这些内容和知识，会使你的脑内图书馆更加充实、活跃。这些内容、知识与你自身已有的理解之匣相结合，可以拓宽你的视野，提升你的内在修养。**一个人的内在修养越高，他的脑内图书馆的信息网络就会越清晰，他在接触到某个新信息时，就能越快地理解它的本质和用法。**

与内在修养相关的信息不仅能激发人们的创意，还能成为表达和行动的准则。也就是说，内在修养深厚的人具有出色的表达能力。随着内在修养的提升，你将会越来越从容和自信。你理解的信息越多，就越容易化解工作和生活中的消极情绪，更有效地解决问题。

　　为了做到以上 3 点，你不能仅仅被动地欣赏小说和电影，还要主动地去解读，即仔细观察、分析小说或电影中透露出的信息，根据这些信息进行推测和想象，使用自己已有的理解之匣努力去理解故事，以及故事背后传递出的各种信息。

1%の本質を最速で
つかむ「理解力」

第 3 章

精准理解的步骤 2，按照
"干—枝—叶"的顺序进行理解

「書く」「話す」「伝える」…
あらゆるアウトプットで結果を出せる!

停止关注细节，

反而更容易加深对事物的理解。

养成时刻把握主题的思维习惯

先把握主题

请你阅读下面这段话，思考一下它的主题是什么：

谷歌、苹果等世界级企业也在采用这种方法，以提高员工的工作效率。它因为好莱坞明星等名人的现身说法而被大家所知。它还能帮助我们意识到自己头脑中的杂念和日常生活中的压力。另外，它能够让我们平静地看待自己的想法。这是一种将注意力集中在呼吸和身体上、让大脑放空的行为。

答案是冥想。

在主题揭晓前，你或许并不清楚这段话讲的是什么；但在得知答案后，你立刻就会理解文中的内容。由此可见，如果不知道文章的主题，一个人就很难理解文字所表达的具体含义。

有时，你会在中途参与进别人的闲聊中，一开始，你或许并不明白他们在聊什么，可一旦他们点明话题，你就仿佛拨云见日一般，理解了之前没有听懂的内容。可见，把握交流的主题，对于一个人精准理解事物是至关重要的。因此，你在倾听或阅读文章的时候，要养成时刻把握主题的思维习惯。

有时，你可能一下子就能抓住主题；有时，你需要一层层拨开迷雾，才能确定主题。如果你所参与的谈话与你自身的利益相关，那么你应该主动向对方确认主题。

前文有关冥想的描述由 5 句话组成，而我刻意将这 5 句话重新排序，使整段文字变得难以理解。或许有人在读到最后一句时，才会意识到这段文字的主题是冥想，由此可见表达顺序的重要性。因此，**当你向他人传达某个信息时，一定要按照对方容易理解的顺序进行表达。**以下是这段文字原本的顺序：

> 所谓冥想，是一种将注意力集中在呼吸和身体上、让大脑放空的行为。冥想能够让我们平静地看待自己的想法，另外，它还能帮助我们意识到自己头脑中的杂念和日常生活中的压力。冥想因为好莱坞明星等名人的现身说法而被大家所知。谷歌、苹果等世界级企业也在采用这种方法，以提高员工的工作效率。

此外，图书目录中每一章内的小标题都会体现这一章的主题，而关注小标题的人和无视小标题的人，在对文章的理解程度上也会产生不小的差距。关注小标题的人，理解起正文来会又快又深刻，而无视小标题的人，理解的速度较慢，理解的程度也较浅。在阅读时，越重视小标题，你就越会觉得正文的内容很好理解。

再考虑主干内容

有研究表明，人类大脑最容易理解按照从整体到细节的顺序进行排列的内容。以下是关于某个物体的一段描述，请你在阅读时思考下文 3 段话描述的主题是什么：

它们多为约 3.5 米，重达 20 吨。其中最大的一个高 20 米，重达 90 吨。

它们在面向大海的被称为阿胡的祭坛上，大多环绕遗址，背对大海。

它们是位于南美洲智利复活节岛上的人面石雕。

答案是摩艾石像。

实际上，这 3 段话是按照从细节到整体的顺序呈现的，也就是"叶—枝—干"的顺序。很多人在读到第三段时才会意识到这篇文章讲的是石像，这是因为复活节岛以石像闻名，所以"复活节岛 = 摩艾石像"的认知存在于大多数人的理解之匣中。大概只有少数人在读到第二段时

就能猜到答案，而仅凭第一段提供的细节信息就知道答案
是摩艾石像的人，或许并不存在。

下面，请你按照从后到前的顺序再次阅读上文的 3 段
话。如果你一开始就知道这是有关石像的说明，那么就能
准确地理解第一段、第二段文字的意思。如果第三段开头
有一句"下面是有关摩艾石像的说明"，文章的主干就会
显现出来，你理解起来也会更加清晰明了。

当你同他人对话或阅读文章时，有必要考虑对方或文
章要表达的主干是什么（见图 3-1）。理解了主干，你才
能进一步理解枝和叶。反之，如果你对主干不了解，就会
影响到你对枝和叶的理解。

并非所有人都擅长按照从整体到细节的顺序进行表
达，有的人说话和写作时并不注重逻辑，常常是想到什么
就说什么。如果遇到这样的人，你应该更加主动地捕捉对
方要表达的主干，如果实在不明白，也可以及时向对方
提问。

当你向他人传达信息时，同样要注意从整体到细节进行表达。从理解的本质出发，你可以用自己擅长的方式对"干—枝—叶"这一顺序进行解读。

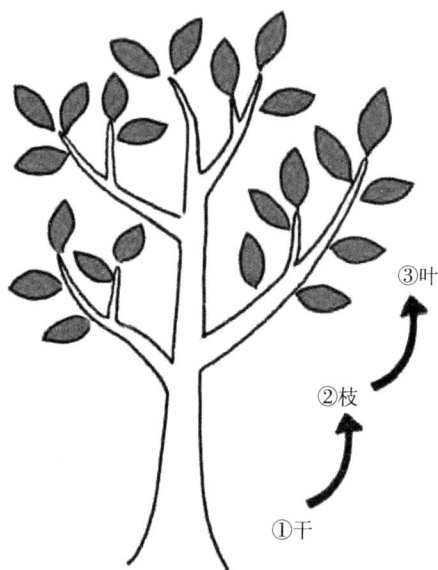

③叶

②枝

①干

人们会按照从整体到细节的顺序加深理解。

反过来，当你和他人对话或阅读文章时，有必要考虑对方或文章要表达的主干是什么，只有这样，才能迅速地理解信息。

图 3-1　从整体到细节进行理解

13 个技巧，快速提升理解力

接下来，我会提出能够帮助你快速提升理解力的 13
个技巧：

理解力提升指南

快速提升理解力的 13 个技巧

- 技巧 1，通过动笔帮助理解。
- 技巧 2，进行顺藤摸瓜式的理解。
- 技巧 3，边比较边理解。
- 技巧 4，擅用图和表辅助理解。
- 技巧 5，重视逻辑和论据。
- 技巧 6，用具体例子加深理解。
- 技巧 7，综合运用五感。
- 技巧 8，概括部分大意。
- 技巧 9，找出主语和谓语。
- 技巧 10，活用 5W3H 理解法。
- 技巧 11，用因数分解法拆解信息。
- 技巧 12，站在他人的角度思考。
- 技巧 13，将新信息与理解之匣相关联。

技巧 1，通过动笔帮助理解

如果你能动笔将读过的文字和听过的话写下来，常常进行总结，那么你的理解力就会有大幅度的提升。如前文所述，在接收信息时事先做好动笔的准备，既可以提高你的专注力，也可以帮助你更有效地把握整体，理解事物的本质。

无论是倾听别人还是阅读文章，比起探究细枝末节，你更应重视的是把握大局，了解各种信息在整个表达的脉络中是如何体现出来的，又起到了什么作用。即使总结得不够到位，你也不必担心，因为动笔这个行为不仅仅是为了总结，更是为了帮助通过总结进行表达。

在整理新信息的时候，你有时可能会理不清头绪，这其实是你的大脑在处理新的理解之匣时会发生的正常现象。正是因为理解不了新知识，大脑才会不断思考着要将这些信息储存到哪里，而找到了正确的位置后，你的困惑就会得到解答。

当你完成总结，再回头客观地解读自己动笔整理出来
的信息时，会得到各种各样的发现。例如："原来 A 和 B
是一组啊！""我以为是 C，其实是 D 啊！""因为 E 才会
得出这个结论！"

**通过动笔，你不但能够及时发现自己在理解上的漏
洞，还可以源源不断地获得新意见和新想法。**因此，在阅
读时，一定要勤动笔。同时，你应该为了总结而动笔，而
不是在总结之后动笔。

技巧 2，进行顺藤摸瓜式的理解

常言道，"兴趣是最好的老师"。人们对于自己感兴趣
的事物，理解起来会很快。有时，你拿起一本别人推荐过
的书，却怎么也读不进去，特别是当书的主题不合自己胃
口的时候。在此，我想推荐一种顺藤摸瓜式的阅读法，即
先读一本你自己感兴趣的书，再接着读与这本书内容相关
的其他读物。

例如，你对经营很感兴趣，于是你读了一本有关经营的书。书中提到的松下幸之助引起了你的兴趣，于是你又接着找到一本介绍松下幸之助生平的书来读。这本书中提到了伊势神宫，而对此产生了兴趣的你又去读了一本介绍伊势神宫的书。**顺应自己的兴趣去读书，可以激发求知欲，进而帮助你加深对事物的理解。**

当然，有时你也会出于工作需要，去读自己并不感兴趣的书。这时，你不妨下功夫将这些书所讲述的内容与自己感兴趣、会关注的信息顺藤摸瓜式地联系起来，从而找到读下去的动力。例如，当你不得不去学习与企业品牌战略相关的知识时，可以先拿起一本介绍自己喜欢的品牌且与品牌战略相关的读物。

进行顺藤摸瓜式的理解能够极大地提升你的理解力。你可以结合自己的兴趣，顺藤摸瓜式地不断加深对知识的理解，让脑内图书馆扩充更多的理解之匣。当你的各个理解之匣之间相互产生作用，通过共同点显现出事物的本质时，你就能更加顺利地理解新知识。

技巧 3，边比较边理解

请你观察以下 4 句话：

> 这个人很聪明。
> 这家公司很有前景。
> 这家店环境不行。
> 这部电影真有意思。

在人们不经意间使用的表达方式中，有很多都隐含着比较之意。上述 4 句话就隐含着以下意思：这个人比一般人聪明，这家公司比其他公司更有前景，这家店比其他店环境更差，这部电影比其他电影更有意思。

对比的方法能帮助人们进行理解。举个例子，假设营业所 A 本月的销售额是 850 万日元，如果不和上个月的销售额进行比较，你无法判断这个销售额是否令人满意。**善于通过比较进行思考的人，更有可能获得新的信息，加深对事物的理解。**

我将营业所 A 本月的销售额与其他信息的对比结果补充如下：

> 和上个月相比增加了 100 万日元。
> 和去年同期相比减少了 400 万日元。
> 和同等规模的营业所 B 相比低 300 万日元。

有了这些经过比较得出的数据后，你就能做出如下判断：虽然营业所 A 的销售额与上一个月相比略有回升，但相较去年同期仍处于低迷状态，和当下其他营业所相比也处于劣势。

如果没有后两条对比信息，你的判断结果可能会是：营业所 A 的销售额比上一个月增加了 100 万日元，销售成绩很好，但这种结论是不全面的。也就是说，过于简单的信息会让你自以为理解了销售额的变化趋势及其所代表的含义。

在商务场合，你可以通过对比得到很多信息。因此，你应该寻找合适的比较对象，从而得到更精准、更深刻的理解。养成比较的思维习惯，对你大有益处。

技巧 4，擅用图和表辅助理解

统计图、对比图、表格等工具能帮助你加深理解。对于对话和文章，你或许只能按照顺序，逐字逐句进行理解；而对于形式灵活的图和表，你可以从任意角度进行观察，厘清它们所描述事物的整体位置关系，从视觉和感觉上加深理解。

下面，请你阅读一篇描述了商品 A 和商品 B 销售额变化情况的短文：

观察商品 A 和商品 B 的月销售额变化可知，在 4 月份，商品 A 的销售额为 55 万日元，商品 B 为 17 万日元。在 4 月之后，商品 B 的销售额逐月上升，在 7 月份达到 96 万日元，超过了商品 A 的 58 万日元。在 10 月份，商品 B 的销售额为 120 万日元，是销售额不断下降的商品 A 同月销售额（40 万日元）的 3 倍。

对于这段文字描述，你理解起来可能会不太顺利。但如果将上文中的数据展示在一张图中，那么你一眼就能看出商品 A 和商品 B 的销售额变化形势（见图 3-2）。此外，销售额突然增加或减少的节点、在 10 月份商品 B 的销售额为商品 A 的 3 倍等信息，也可以从图中看出来。

单位：万日元

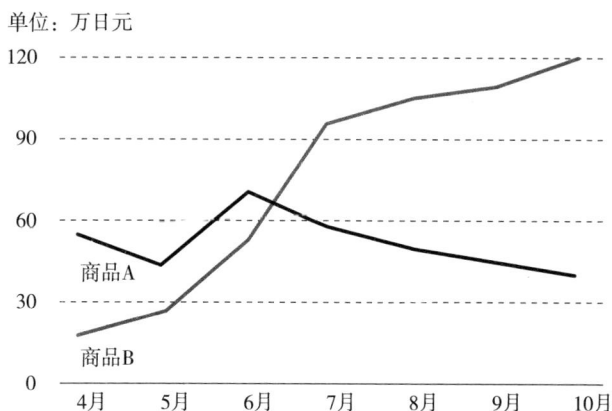

图 3-2　商品 A 和商品 B 销售额的变化对比

下面的图 3-3 至图 3-7，生动体现了图和表简明易懂的特征。

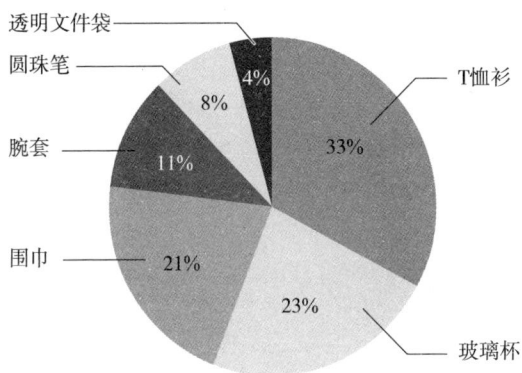

图 3-3　广告赠品销售数明细

图 3-4　文章的结构

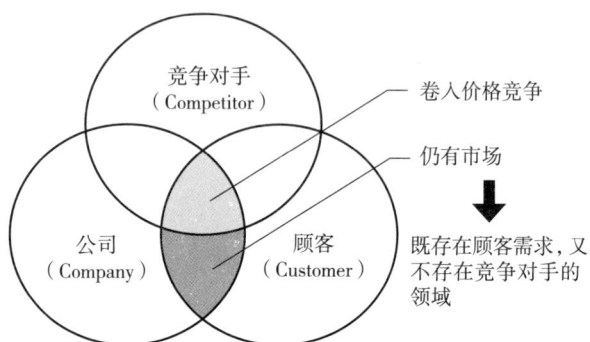

图 3-5　用 3C 分析法发现市场机会

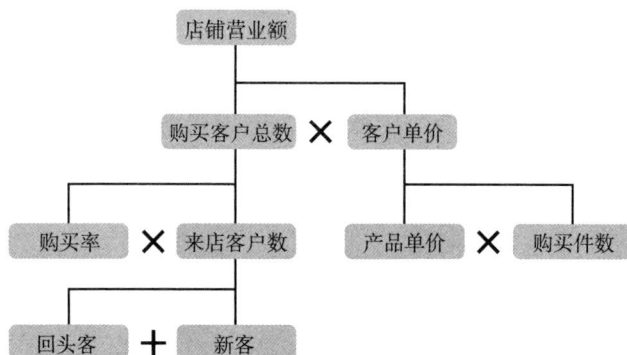

图 3-6　店铺营业额细分

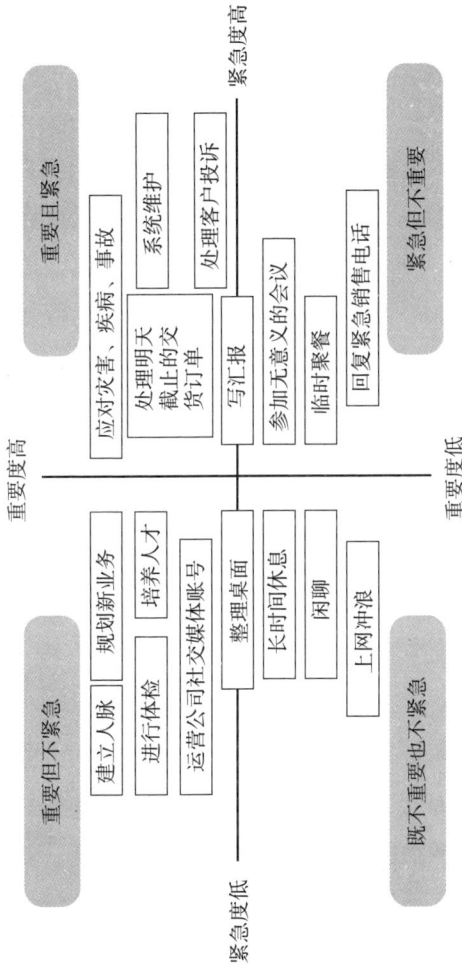

图 3-7　重要度和紧急度象限

图 3-3 至图 3-7 中并没有详细的文字解说，但你依然能很快地理解这些图想要表达的意思。

图和表的本质就是在展示分组后的信息。通过观察分组后的信息，你可以获得从文字中无法直接捕捉到的答案。当你遇到理解不了的内容时，不要只依赖语言和文字，可以尝试做一个简易的图或表，对信息进行分组归纳，或许就能有所收获。

技巧 5，重视逻辑和论据

日本有句谚语：一刮风，卖木桶的人就大赚一笔。这句话用来比喻一件事情的发生会产生令人意想不到的连锁影响。

这句话的逻辑是：风会刮起砂土，砂土进入人的眼睛里，导致很多人成了盲人。盲人大都以弹三弦谋生，那么做三弦会用到的猫皮的需求量就会增加，猫少了，老鼠就会变多。因为老鼠喜欢啃咬木桶，所以很多人会去买新木桶，卖木桶的人就会大赚一笔。

实际上，也有很多人认为这句谚语表达的意思过于牵强，把因果关系不显著的事物强行联系。现实中，人因为砂土变成盲人的概率不到 0.001%。

即使人们在夸大描述一个事件时，也要合乎情理，若把因果关系不显著的事件强行联系起来，认为一刮风，卖木桶的人就一定会大赚一笔，是不合理的。但是，理解能力弱的人会轻易地相信这句话，因为他们探究逻辑和论据的意识比较薄弱。

坦诚接纳他人的观点固然重要，但如果你意识到他人的观点逻辑混乱、缺乏论据支撑，或者根本是无稽之谈，那么就必须对这些观点加以否定。

要想做到精准的理解，必须先关注你要理解的事件是否具备合理的因果关系。你一定要仔细检验某件事在逻辑上的正确性（见图 3-8），只有重视逻辑的人，才会指出砂土飞进眼睛里致盲这一情况发生的概率极低，来反驳赞成上述谚语的人。

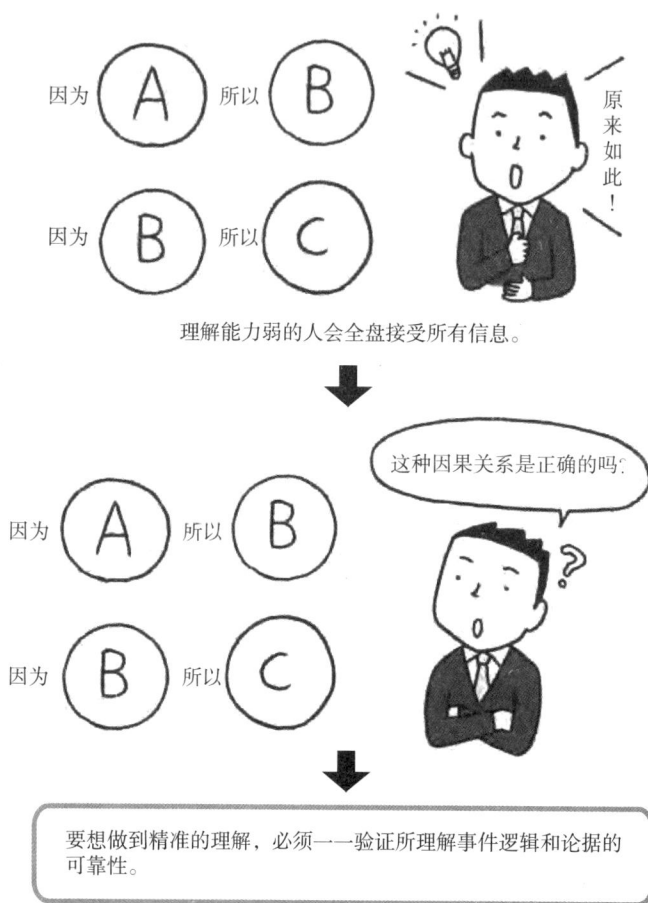

因为 A 所以 B

因为 B 所以 C

原来如此！

理解能力弱的人会全盘接受所有信息。

这种因果关系是正确的吗？

因为 A 所以 B

因为 B 所以 C

要想做到精准的理解，必须一一验证所理解事件逻辑和论据的可靠性。

图 3-8　重视逻辑和论据才能做到精准的理解

当然，你在向他人传达信息时，也必须保证信息逻辑和依据的正确性，并强调因果关系。如果你的表达不符合逻辑，不仅不能让对方理解你的意思，还会降低你表达的可信度。

技巧 6，用具体例子加深理解

语言的发展会经历从抽象到具体的演进过程。例如，食物这个概念原本很抽象，而在具体化的过程中，食物按照蔬菜—番茄—桃太郎番茄、水果—草莓—枥木少女草莓等层级得到了细分。

这种从抽象到具体的演进也体现在人们对事物的理解上。当你面对某个抽象的主题时，接触相关的具体例子可以大大深化你对主题的理解。例如，"为老年人做贡献"这句话看上去有些抽象，很难让人产生具体的理解。但若是提出"每月去一次东京都内的老人院，送上自己做的点心"，便使贡献的内容更加明确，人们对这句话的理解也会更加具体。**列出具体例子，可以让他人对你要表达的主题产生更直观的印象，形成更深入的理解。**

　　顺便一提，一个主题抽象程度的高低与该主题是否容易激励人做出行动有着很深的关系。为老年人做贡献是抽象的，你很难从中判断出自己应该做出什么行动；而送上自己做的点心是具体的，你很容易做出相应的行为。因此，在职场中，你的表达要明确具体。

　　如果你想深入理解他人的意思，或者想采取切实的行动，就有必要向对方提出以下几个问题：

　　　　您说的具体是什么意思呢？

　　　　能举一个具体的例子吗？

　　　　具体应该怎么做呢？

　　　　能否再详细解释一下？

　　如果你没能推动对方做出具体说明，导致你自己的理解出现偏差，那么即使事后自责也无济于事。因此，不要总是被动接收信息，而要主动地去理解。同样，当你向他人传达信息时，也可以考虑举出具体例子来辅助说明。

技巧 7，综合运用五感

人们在理解事物时不仅要动用大脑思考，还要综合运用五感进行体验。所谓五感，指的是：

- 视觉（用眼睛看）。
- 听觉（用耳朵听）。
- 嗅觉（用鼻子闻）。
- 味觉（用舌头品尝）。
- 触觉（用手或皮肤感受）。

当你作为一名游戏工作者参加东京游戏展，或者作为餐饮行业工作者参加在日本举办的国际食品饮料展时，必须在体验展品时全面启用自己的五感，进行以下分析：

- 视觉：看到了什么？展品使用了什么颜色、形状、设计？
- 听觉：听到了什么声音？是视频的效果音还是烹饪时发出的声音？
- 嗅觉：闻到了什么气味？

- 味觉：品尝到了什么味道？食物的口感如何？
- 触觉：物体的触感如何？

你会在展会现场走动，在某个展位观看演示，进行模拟体验和试吃，与展位工作人员交流，在从你进入会场到活动结束的整个过程中，通过五感获得的信息，会在此之后帮助你做出评价。在评价一部新游戏前，你可以通过实际操作来加深感受。同样地，为了评价新开发的食品，你可以通过试吃掌握更加准确的嗅觉和味觉信息。有时，尽管一件食品在包装上标注了"特辣"，但一些人在试吃后，也有可能会认为它的辣度一般。

用五感立体地收集到的信息，能够让你实现更精准的理解。不过，要想在工作中随时随地动用五感是比较困难的，所以，你在平时要加强自己调动五感的意识。在上班途中、午餐时间、休息日等时间点，你都可以练习用五感进行理解。不要把理解的任务全部交给大脑，而应该调动起整个身体。

技巧 8，概括部分大意

如果一个人解读文章的能力较弱，那么他对整篇文章的理解程度也会较低，这样的人可以通过概括部分大意来提高自己的阅读能力。具体部分类型有如下几种：

- 总结结论的部分。
- 阐述理由的部分。
- 列举事例的部分。
- 反驳意见的部分。

优秀的文章通常会呈现出明显的部分划分，使各部分信息发挥应有的作用。而你在阅读时，通过对各部分的大意进行概括，就能够总结出文章的整体框架。

请阅读下面的文章，并分别概括 4 部分文字的大意：

可以肯定的是，文章不是因作者而存在，而是因读者而存在的。

　　不知道写什么内容的作者，实际上在思考时是以自我为中心的。

　　有人为了使文章的语言更加优美而不断打磨；也有人绞尽脑汁，以得到别人的好评为目的进行写作，会思考怎样才能让文章看起来更出彩。前者的做法看似是可敬的，后者看似是聪明的。

　　但这两种人的做法都是自私的。

　　作者应该关注的只有一点，那就是怎样写文章才能对读者有所贡献。如果缺乏这种意识，作者就会陷入迷茫。

　　所有人在写文章时都应该从读者的角度出发，而这一原则也贯穿于本书之中。正因为人会有不知道写什么、不知道怎样把文章写好等烦恼，我才会写下本书。

对于以上 4 部分的大意，我分别概括如下：

- 文章不是因作者而存在，而是因读者而存在的。
- 不知道写什么内容的作者，实际上在思考时是以自我为中心的。
- 作者应该关注的只有一点，那就是怎样写文章才能对读者有所贡献。
- 所有人在写文章时都应该从读者的角度出发。

我在前作《概括力》一书中，对人的概括能力做出过如下阐述：

读者要找到作者最想强调的一句话主旨！

当你在上述 4 部分中寻找作者最想强调的一句话时，会发现第四部分的大意就是整篇文章的一句话主旨，也是文章的中心思想。

你在理解文章时，用笔在书或资料的空白处写下你所概括的段落大意，也是一种好方法。在空白处做笔记不仅省去了你准备笔记本的步骤，你还可以通过圈写、分段的方式，加深自己对文章文脉的理解。此外，在传达信息类的文章中，关键词会反复出现，在上文的示例中，仅"读者"一词就出现了 3 次。而这些关键词的周围，很有可能会出现（或隐含）重要的信息。

文章经常会用到的表达结构包括：开头提出问题—结尾书写结论；开头提出结论—结尾再次确认结论。结论即文章想要传达的信息，如果你熟悉了这些写作结构，就会更容易理解文章的主旨。

如果你想要进行概括大意的练习，可以将报纸社论和杂志专栏文章作为练习对象。因为专业作家所写的文章中没有无用的信息，与业余作者相比，他们更容易抓住事物的本质和核心。当你养成了分部分概括的习惯后，可以挑战将一整篇专栏文章总结成 100 字左右的摘要。锻炼归纳能力，就是在锻炼你的理解力。

技巧 9，找出主语和谓语

在阅读中，如果你觉得一句话很难理解、句式太复

杂，可以试着先找出这句话的主语和谓语。以下面这句话
为例：

> 不管多么复杂的句式，都会按照主语 + 谓
> 语，即"××是××"的结构来书写。

可以看到，这句话的基本结构是"不管多么复杂的句
式（主语）+ 书写（谓语）"。找出主语和谓语之后，你可
以从谓语开始倒推，关注其他细节。

仍以这句话为例，接下来你要针对书写这个谓语，思
考"书写了什么"这个问题。你可以从中推导出下面两条
并列的信息：

- 句式都是按照主语 + 谓语的结构来书写。
- 句式都按照"××是××"的结构来书写。

如果把握不了句子的基本结构，你就很难理解句子的
意思。对此，可以从找出句子的主语和谓语入手，梳理出大
框架，从而顺利地进行理解。对于省略主语的表达，你可以

先关注谓语，再通过谓语推断主语。请阅读下面这句话：

> 在白雪纷飞的寒冷圣诞夜，我在苦思冥想之后，给平时总是穿得土气、看上去很不起眼的他送了一件很受年轻人欢迎的品牌推出的新款夹克作为礼物。

这句话的主谓宾结构是：我送了他一件夹克。

先把握句子结构信息，再去观察细节，是你进行阅读理解的基础。根据阅读目的，有时你可以舍弃细节，只关注结构。

技巧 10，活用 5W3H 理解法

阅读说明文、通知书等实务类文章时，你可以使用如下所示的 5W3H 理解法，更准确地把握文章内容：

- When：什么时候，指期限、日期、日程、时间。

- Where：什么地方，指场所、目的地。
- Who：谁，指负责人、参与者。
- What：做什么，指目的、目标。
- Why：为什么，指理由、根据。
- How：怎么做，指方法、手段。
- How many：数量是多少。
- How much：费用是多少。

请阅读下面这句话：

3 月 2 日星期三（什么时候）将举办部门间交流会（做什么）。请于当天中午（什么时候）在车站前的日本料理店"竹之声"（什么地方）集合。

活用 5W3H 理解法能帮助你加深理解。而对于表达中缺失的与 5W3H 相关的信息，你需要思考它们为什么没有体现出来，如果发现信息不够充分，你应该向传达信息的人确认。以下是上文可能遗漏的信息：

- 谁：谁提议召开部门间交流会？参加成员包

括谁？

- 为什么：为什么召开部门间交流会？

- 怎么做：如何开展部门间交流会？

- 多少（数量）：参加者有多少人？

- 多少（费用）：需要缴纳参加费用吗？

当你在工作中传达类似信息时，为了让他人能够顺利理解，你需要加入关于5W3H的必要信息，对于不必要的信息则应该删除。根据实际情况和目的恰如其分地传达信息，是你在使用5W3H时要注意的地方。

技巧11，用因数分解法拆解信息

你在数学课上学到的因数分解法，也可以帮助你理解事物。因数分解指的是将数字或文字公式分解为若干个因数相乘的形式，例如，21可以被分解为7×3，此时7或3就是因数。通过因数分解法，人们可以认识到21的本质。

在生活和工作中，不管是看得见的东西还是看不见的东西，你都可以对其进行因数分解。例如，建筑能被因数

分解为地基、主体结构、墙壁、内部装修、设备等，而你
在理解建筑这个概念的时候，不仅要掌握建筑的笼统定
义，还要分析建筑被分解后形成的每一个组成元素，只有
这样，你才能加深对建筑一词的理解。

当然，地基、主体结构、墙壁等概念也可以分别被因
数分解，世界上所有的事物和信息都是因数，同时又都可
以被分解。

理解力强的人在面对信息时，会习惯性地思考这个信
息由什么因数组成、将其因数分解后会得到什么。如果判
断出某个事物本身是一个因数，你也可以通过收集其他因
数，拼凑出对整合后的事物的理解。

因数分解还是技巧 6 中提到的"用具体例子加深理
解"的一种形式。也就是说，因数分解能帮助你做出正确
的行动。例如，当你被任命为一场婚礼的负责人时，如果
不对自己所负责的工作内容因数分解，你就无法进行如预
约酒店、收集参加人员名单、制作和发送邀请函、策划余
兴节目、前台接待、调查新郎新娘意向等活动。对工作进
行因数分解后，你就能更高效地行动起来（见图 3-9）。

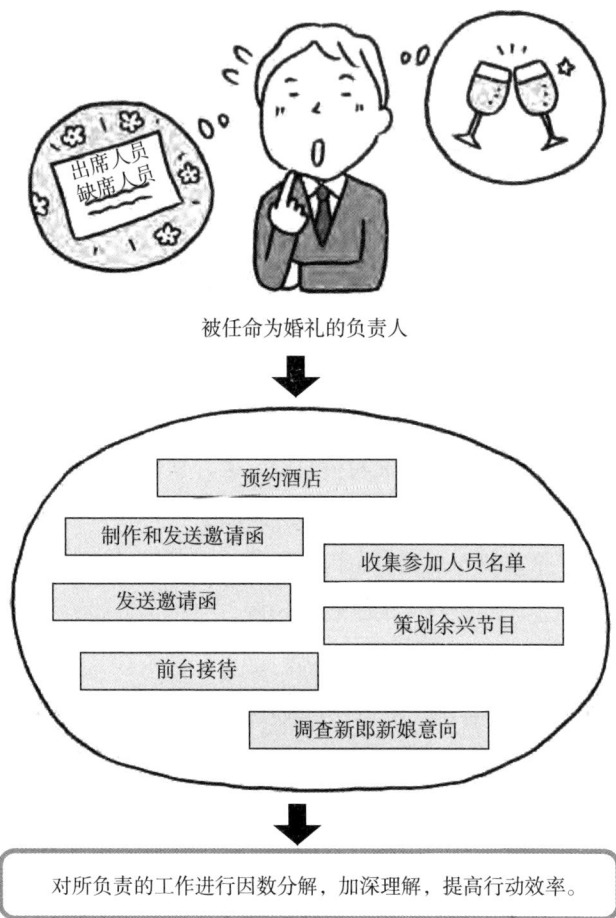

被任命为婚礼的负责人

预约酒店

制作和发送邀请函

收集参加人员名单

发送邀请函

策划余兴节目

前台接待

调查新郎新娘意向

对所负责的工作进行因数分解，加深理解，提高行动效率。

图 3-9　对工作进行因数分解能加深理解

将举行婚礼要完成的工作因数分解后，你才能把任务分配出去。当然，你在向他人传达信息的时候也一样，不要只传达抽象的指示，还要表明对该指示因数分解后的具体做法，这样对方才能更容易理解，并采取行动。

技巧 12，站在他人的角度思考

人们在失败后，会从失败中汲取经验教训，为下次行动做好准备。这么做也可以提升一个人的理解力。例如，你向同事提出了自认为不错的工作建议，但同事却显得不太高兴。这时，你可能的反应大致可以分为以下3 种：

- 没有意识到对方不高兴。
- 意识到对方不高兴，但是不知道原因。
- 意识到对方不高兴，并且大概知道原因。

以上 3 种反应分别体现了你对事态由低到高的理解程度。

如果你做出了第一种反应，那么往后你还会犯下同样的错误，因为你没有从这次的经历中学到任何东西，这就等同于你没有理解这段经历。

如果你的反应是最后一种，那么你会在下次遇到类似情况时有所改进。这是因为这段经历被你的大脑存储在了"让同事不高兴"的理解之匣中，使你不再犯下同样的错误。也就是说，你学会了从对方的语言、表情、举止中解读其内心的真实想法，并由此做出了恰当的应对。

做出了第一种和第二种反应的人要想实现第三种反应，需要首先认识到自己和他人是不同的。你可以假设除自己外的所有人都是外星人，而当你试图与外星人交流的时候，你会最大限度地动用你的洞察能力。你或许会极为认真地揣摩以下几个问题：

- 对方在想什么？
- 对方心情如何？
- 对方想说什么？
- 对方想要什么？

- 对方希望我做什么？

这就是站在他人的角度思考的人会想到的问题。你会被人误解、惹人不快，大多是因为你会自认为他人的想法、心情和价值观与自己是一致的。这就是问题所在。

人与人之间以相互理解、为达成目标进行交流是很可贵的，而为了实现这样的交流，你可以在沟通时把对方想象成外星人，从而能更容易站在他人的角度进行思考和交流。

当你未能有效与他人进行沟通，或者未能建立起良好的人际关系时，你应该意识到自己的理解力是不足的。而这些时刻也是你提升理解力的好机会。

如果能把所有人都当作外星人，你的感觉就会变得敏锐，从而更加仔细地倾听对方的话、留意对方的表情、洞察对方的感情。一旦你彻底站在了对方的角度进行思考，你的理解力也就能得到飞跃性的提升。

技巧 13，将新信息与理解之匣相关联

想必很多人都知道，对于自己越感兴趣的东西就越容易理解，越不感兴趣的东西就越难理解。兴趣的有无很大程度上决定着一个人理解事情的难易。但是，人在生活中一定会面临着自己不感兴趣，却不得不去理解的事物，**而我们在理解自己不感兴趣的事物时可以试着将这一事物与自己感兴趣的事物、已掌握的信息联系起来。**

举个例子，请看下面这一串数字：

1992012219940606

你要想长时间记住这串数字是非常困难的，因为每个数字之间毫无联系，且对你来说也没有任何意义。但假如你的出生日期是 1992 年 1 月 22 日，你弟弟的出生日期是 1994 年 6 月 6 日，那么牢记这串数字对你来说就变得轻而易举了。将不感兴趣的事物与自身感兴趣的已知信息联系起来，你就会更容易记住它。此外，在寻找联系的过程中，你还能捕捉到这一事物本身所具有的意义和信息。

我曾经出席过一场以写作技巧为主题的研讨会，在会上，我需要向听众强调"要想提高写作能力，收集素材很重要"这一信息。如果直接这么说，那么这句话很快就会被听众遗忘，无法被他们所理解，因此，我采用了以下说法："写作和做饭是一样的。没有食材就做不出美味佳肴，同样，没有素材也写不出文章。所以就像做饭前要去买食材一样，写作之前大家也需要先收集素材。"以这样的方式说明后，很多听众就明白了收集素材的重要性。

我以人人都知道的做饭步骤为引子，引导听众从他们已经具备的"做菜"这一理解之匣中，获得关于"写作"的理解之匣，从而使他们轻易地理解和接纳了我的观点。

将新的信息与自己已有的理解之匣相结合，需要你先进行想象和联想。你可以这样思考：这个信息可以与哪些信息进行对比？如果进一步扩充该信息的含义，它在内容上会产生什么变化？如果你无法理解汽车的原理，可以先将引擎想象为人的大脑，将变速器想象为人的神经，将轮胎的运动想象为脚的运动，这样你理解起来就容易多了。

1%の本質を最速で
つかむ「理解力」

第 4 章

精准理解的步骤 3，
用批判性思考加深理解

「書く」「話す」「伝える」…
あらゆるアウトプットで結果を出せる!

主动反驳是促进批判性思考的手段。

主动进行批判性思考，以免落入逻辑陷阱

在这个急剧变化的时代，每天都会涌现大量的信息，面对这些信息，人们需要不断思考，而人们可以利用的思考工具之一，就是批判性思考。批判性思考就是指一个人不受自身主观感情的影响，理性地判断信息的思考过程。

你可以通过批判性思考对信息的正确性提出质疑。只有敢于对常识提出质疑，严谨地分析和解读信息，你才能注意到自己是否存有偏见或臆想，从而修正错误的理解。

例如，从一些新闻报道中，你能够明显地看出这些报道将特定人物划为了反面人物。还有些报道内容完全不合逻辑，故意隐去了重要信息，将推测陈述为事实，且用词

模糊，以混淆视听。在这种情况下，如果你不具备批判性思考的能力，就有可能被误导。批判性思考的关键，在于你不能被某条特定的信息或观点所迷惑，而应该从多方面、多角度收集信息，并对它们进行判断。

当然，面对新信息时，你也不能一味怀疑，只需抱有质疑新信息的意识，适度提出质疑，就能在一定程度上不被错误的信息所欺骗。

正在阅读本书的你，若是在某个瞬间怀疑过作者观点的正确性，那么就说明你的批判性思考已经发挥了作用。而认为本书所有的观点都是正确的，从而全盘接受的人，并没有用到批判性思考。使用批判性思考进行理解的主要方法如下。

通过教学主动理解

近年来，"主动学习"这一概念在教育界引起了人们的广泛关注。主动学习也被称为积极学习、探索学习。在这种学习方式中，学生并非单方面地听老师讲课，而是通过写作、发言、演讲等表达方式，提高学习效率。

例如，当你在学习"可持续发展目标"这一概念时，如果能将学到的知识默写、复述出来，或向别人解释清楚，那么你对这个概念的理解就是深刻的。如果你不能正确地理解一个概念，那么你就无法精准地向别人做出解释。

当你向他人传达信息时，自己首先要理解这些信息。在组织语言的过程中，你可能会发现自己的理解还不够透彻，而此时正是加深理解的机会。**只有知道自己哪里没有理解，你才可以不断通过学习加深理解。**

除此之外，在你传达信息的过程中，可能还会有人向你提出各种各样的问题，如果你回答不上来，或者回答得不够准确，那就说明你对信息的理解还不够透彻。而只要在此之后纠正自己的错误，你就能加深对信息的理解。

促进人们主动理解最有效的方法就是模拟教学，即想

象自己是一名老师，要将知识传授给不懂的学生。教学并不是一种单纯的信息传达过程，其目标是让学生精准理解信息。以教学为前提进行表达，你就会产生紧张感，积极性和专注力也会有所提高。

再举一个例子，当你正在阅读某个主题的文章时，可以设想在阅读完成后，你会向一个人解释这个主题。而对于对方会向你提出什么问题，以及你怎么回答这些问题等情形，你都可以一一进行假设。像这样一边模拟问答的情境一边阅读，你理解文章时就会更高效。所以，如果你想提高理解和学习新知识的效率，可以试着主动将相关教学任务纳入计划，例如，一周后给后辈讲解有关知识，一个月后召开某主题的分享会或学习会，等等。

用"鸟之眼"代替"虫之目"

当你在前往目的地的过程中迷路，且周围也没有人可以求助时，你或许会打开手机上的地图导航软件，来确认自己现在的位置和通往目的地的路线。这张地图就是鸟之眼。借助地图，你可以轻松地抵达目的地。

对于人类来说，抬高视角，俯瞰全貌的能力也被称为元认知。狭义的元认知指的是人们客观看待自己的思考和行动的能力；广义的元认知则指的是人们像鸟儿一样，用广阔的视角观察包括自己在内的各种人和事的能力。具备了元认知，你就像拥有了一双鸟之眼。人们在围棋和象棋博弈中所提到的大局观在含义上也与鸟之眼有异曲同工之妙。所谓大局观，是指一个人以广阔的视角纵览全局，看清对自己有利和不利的局面，并思考出最佳对策的能力。一个人的大局观意识越强，在博弈中获胜的概率就越高。

但在现实中，人类所拥有的其实是虫之目。虫子的视线是紧贴在地面上的，稍有不慎，虫子就有可能迷失方向。而拥有虫之目的人要想拥有鸟之眼，可以遵循以下两个步骤进行练习：

- 意识到鸟之眼的存在。
- 运用想象力获得鸟之眼。

只需想象，你就可以得到鸟之眼。你可以想象自己搭载无人机飞到了高空，当你从高空向下俯视时，你会看到什么？从他人的角度看，你会看到什么？从一段路程的终点看时，你又会看到什么（见图4-1）？

以广阔的视野观察世界，你就能掌握各个事物的位置和相互间的联系，从而了解事的目的、物的本质。

进一步讲，有时你还会意识到自己对某事的认识是不清楚的，这也是元认知带来的影响。随着元认知能力的提高，你会更容易地分析出自己的理解是否正确，找到理解错误的地方，寻求更深入的理解。但也有一些人无法通过其他视角进行观察，对于这样的人，我建议他可以听取第三方的反馈，请他人对自己的言行做出评价，并提出需要改进的地方。

假设你是一名销售员，在向客户介绍产品时，你自认为做得很好，却从同事那里得到了"所讲的内容不太好理解"的反馈。这时你会意识到，自己的认知是错误的，从而在下次介绍时进行修正。

图 4-1 获得鸟之眼的方法

和自以为理解某事的人一样，认为自己的元认知能力很强的人，观察事物的视角就很难进一步扩大。你应该常常思考自己的元认知能力是否还有提升的空间。

锻炼察觉逻辑谬误的能力

在很多情况下，人们的表达缺乏逻辑。**使表达合乎逻辑需要满足两个条件，一个是语言前后的联系紧密，另一个是理由和依据能充分支持结论**。为了做到精准理解，对于所有的对话和文章，你都应该仔细考察语言逻辑性的强弱。请看下面这段话：

段落 1：健次正在接受声乐训练，所以他的歌唱水平很高。

如果你没有亲自听过健次唱歌就相信了这句话，那么就掉进了语言陷阱。实际上，接受声乐训练的人未必歌唱水平就高，也许正是因为唱得不好，健次才去参加训练。你需要认识到，段落 1 中没有支撑健次歌唱水平高这一结

论的依据。有些表达看上去很正常，但它们也有值得怀疑
的地方。请看下面这段话：

> 段落 2：健次正在接受声乐训练。前几天，
> 在日本关东地区举办的演唱比赛上，他从 300 名
> 选手中脱颖而出，获得了冠军。健次的歌唱水平
> 出类拔萃。

段落 2 比段落 1 更有说服力，因为这句话中有无法
反驳的依据。健次"从 300 名选手中脱颖而出，获得了冠
军"，因此他的"歌唱水平出类拔萃"这一表述就不会遭
到人们的质疑。如果演唱比赛只有 5 个人参加，那么这种
说法也会有点言过其实。请看下面这段话：

> 段落 3：健次正在接受声乐训练。前几天，
> 在日本关东地区举办的演唱比赛上，他从 300 名
> 选手中脱颖而出，获得了冠军。所以，健次的歌
> 唱水平其实也不怎么样。

和段落 2 相比，段落 3 读起来会有些奇怪，因为最后

一句话作为结论与前文的描述并不相符。也就是说，因为语言前后的联系并不紧密，所以你才会觉得奇怪。请看下面这两句话：

> 不懂规则的人玩不了冰壶。
> 不玩冰壶的人就不懂冰壶的规则。

在这两句话中，第一句在某种程度上是合理的，但可能会有很多人不赞成第二句，因为不玩冰壶，但会看冰壶比赛的人是知道冰壶的规则的。也许写第二句话的人误以为把第一句话倒过来也是说得通的，但"A 是 B"并不意味着"B 是 A"。

察觉逻辑谬误的能力也是一种理解力，经常思考"这种逻辑关系正确吗""这个根据对吗"，可以锻炼你察觉逻辑谬误的能力。

你所听到的话、看到的文章，不一定都是合乎逻辑的，如果没能察觉那些不合逻辑之处，你就会被错误的信息所误导，甚至被心怀不轨的人所欺骗。

使用两种逻辑结构去倾听与表达

能帮助你有逻辑性地进行思考和表达的方法，主要包括演绎法和归纳法。这两种方法都是通过展示多个事实和例子来推导结论。演绎法是指根据一般规则、法则或前提推导结论的方法。因为 A = B，B = C，所以 A = C 的三段论，是演绎法的代表性结构。具体例子如下：

> 在日本，人们从 18 岁开始自动获得选举权。
> 小文 18 岁，因此小文拥有选举权。

而归纳法则是指从个别案例中推导普遍法则的方法，其一般形式为：因为 A = D，B = D，C = D，所以 D 包含 A、B、C。具体例子如下：

> 前几日，一档电视节目播出了名为"豆腐提拉米苏"的特辑。最近，Twitter 上总是出现豆腐提拉米苏这个词，便利店也新推出了豆腐提拉米苏。看来，品尝豆腐提拉米苏已经成为一种时尚。

商务场合多会用到以演绎法为基础、在开头提出结论的表达方式，常见的 PREP 法就是其中一个例子。PREP 法的内容如下：

- Point：要点（结论、主张）。
- Reason：理由（支撑结论的依据）。
- Example：具体例子（使结论具有说服力的事例、体验、数据等）。
- Point：要点（结论、主张）。

运用 PREP 法的具体例子如下：

- P：建议在办公室内设置休息室。
- R：午休有改善员工脑疲劳的效果。
- E：介绍关于午休能提高员工工作效率的实例。例如，某企业对午休的员工和没有午休的员工进行了比较，结果发现前者在下午的工作效率比后者高 30%。
- P：为提高员工的工作效率，建议把办公楼 3 层闲置的房间改造成休息室。

当你倾听他人或阅读文章时，要时刻关注自己所接收
到的信息的逻辑结构。同理，你在表达的时候，也要有意
识地运用演绎法和归纳法等逻辑表达方法。

8 种方法，让理解更加深入

能帮助你深入理解事物的 8 种方法如下：

理解力提升指南

使理解更加深入的 8 种方法

- 方法 1，通过朗读加深思考。

- 方法 2，反复提问，抓住要点。

- 方法 3，建立假设，明确方向。

- 方法 4，通过反驳检验信息。

- 方法 5，参与讨论，打开视野。

- 方法 6，丰富体验，拓展理解的边界。

- 方法 7，寻求反馈，修正理解。

- 方法 8，勤做笔记，加深记忆。

方法1，通过朗读加深思考

朗读对于提升人的理解力非常有效，有时，你在遇到不明白的文字内容时，也许会情不自禁地读出声来。

人默读的速度往往很快，但按照先用眼睛看再张口去读的方式进行阅读，文字信息就必然会经过你的大脑。在此过程中，你对每一个词语、句子以及整体文脉的理解程度都会有所提高（见图4-2）。

在朗读时，你用大脑识别过文字后，从口中说出的话会传入耳朵，然后通过骨传导再一次进入大脑。也就是说，**在朗读的过程中，你同时进行着双重或三重的信息接收**。因此，一旦遇到不理解的词语，你的大脑就会立刻做出相应的判断，当你意识到自己有不理解的地方时，就会去查字典或上网搜索。

此外，朗读也可以提高一个人批判性思考的准确程度。在文字经过大脑的过程中，你还有机会考察内容的逻辑正确性。

用眼睛看

文字信息经过大脑

张口去读

提高对每一个词语、句子以及整体文脉的理解程度。

图 4-2　通过朗读加深思考

遇到艰涩难懂的文章时，最好朗读出来。朗读能使看上去模糊的信息，以及信息潜藏的联系清晰地浮现出来，使你的理解更加深入。

方法 2，反复提问，抓住要点

提问是人们正确理解事物最有效的手段之一。在访谈节目中，主持人在面对嘉宾含糊不清的发言时，会用犀利的提问切入重点，例如："您说的是什么意思？""具体来说呢？""您这么说的根据是什么？"这么做有助于观众进行理解。**提问一定要问到关键，如果问题偏离主题，你就无法引导对方说出有价值的信息。**

例如，有一位前辈建议你多去读书，这时，如果你向前辈提出"但是，这对我来说有用吗"这样的问题，对方或许回答不上来，因为你提问的目的并不明确。你在提问的时候，要重点表达自己不明白的地方和不明白的原因。

如果你问道："其实我从前不经常看书。读书有什么好处呢？"前辈就能了解你的情况和你提问的意图，从而更有针对性地回答。通过询问读书的好处，你也能得到有针对性的回答。当然，如果你对读书还有其他不明白的地方，也可以继续提问：

> 可以请前辈推荐一些好书吗？
>
> 在读书时应该注意什么呢？
>
> 使用什么方法才能记住书中的重点？
>
> 对于读起来很吃力的书，也要硬着头皮读完吗？
>
> 可以读漫画书吗？

从这些问题可以看出，要想提出好问题，你必须先明确问题所在，这样，你对回答的理解程度就会有所提高。如果你只提出了一些毫无意义的问题，是不可能得到有用的回答的。即使得到了有用的回答，你也无法有效地学以致用。

如果你想提升自己的理解力，就不要一味地被动提问，而应该有意识地主动提问。

方法 3，建立假设，明确方向

理解力强的人，能够通过建立假设来推动自己理解某事。假设是指在信息并不充分，或者在分析、验证还没有得出结论的情况下，一个人提出的临时答案。在假设时，人们会基于已知的信息和眼前的现象、事件，事先做出推测。

在建立假说的基础上，你可以收集必要的信息，进行分析和验证，从而判断自己的假设是否正确。建立假设的方法适用于以下场合：

- 制订工作计划。
- 策划项目。
- 解决工作中出现的问题。
- 参与销售或谈判。
- 阅读资料和文章。
- 倾听他人。

你提出的假设会辅助你做出理解。而建立假设的关键，是在脑内图书馆中寻找相似的理解之匣，形成联系。

当你和客户谈判时，有时因为对事情认识的不同，你们两人无法在某项条款上达成一致。对此，理解力强的人会立刻思考问题产生的原因，然后在脑内图书馆内搜索相关情况。他们可能会想到，这位客户在 3 年前和其他公司产生过类似矛盾。

根据已知的信息，理解力强的人能够建立这样的假设：或许这次和 3 年前一样，因为没有共享会议记录，所以双方的看法不统一。

像这样，事先建立假设，你就能更精准地理解事物。如果实际情况符合自己的假设，那么你的理解就是正确的。如果假设偏离了实际情况，你也可以根据当下得到的信息，及时修正。

你在和他人对话的时候，若察觉到对方的反应和自己预想的不同，就应进一步找出问题原因。这样一来，你就会更容易理解对方想法。你也可以记下自己的假设与实际情况之间的差别，向脑内图书馆补充新的信息。脑内图书馆越充实，你在将来提出的假设也会越准确，从而形成良性循环。

方法 4，通过反驳检验信息

要想真正做到精准理解，你必须将自己的理解方式从被动理解转换为主动理解。我们日常接触到的很多信息存在着不实之处。此外，发言或写文章的人有时自身都无法正确地理解信息，传达出的内容自然与信息原本的含义有偏差。在主动理解的过程中，反驳他人能极为有效地帮助你进行理解。

假设同事提出公司某个商品通过销路 A 卖不出去，通过销路 B 可能会畅销。这个时候，你可以考虑提出反对意见，例如："为什么你会这么断定？我认为，基于某个理由，销路 A 也能使商品畅销。"当然，你是否提出反对意见，要具体情况具体分析。但有时即使不说出口，也可以在内心辩驳，这样有助于激发思考。从开始质疑信息的正确性的一瞬间起，你就开始了自我验证。

通过提出反对意见，你可以和他人进行更多的讨论，得出更深入的见解。所以，从理解事物的角度来看，反驳是有意义的。

反驳可以帮助你细致地检验信息的正确性，让你更容易获得正确的结论。为了加强反驳意识，你可以针对之前被动接触过的电视、报纸、杂志、网络上的新闻等日常信息，有意识地练习主动反驳。极度缺乏判断能力、人云亦云的人，通过养成反驳的思维习惯，就能够提升自身的理解力。

方法 5，参与讨论，打开视野

集体讨论可以帮助参与者加深对事物的理解。持有不同意见和主张的几个人在观点发生碰撞时，可以更容易看清自己所讨论事物的优劣和本质，找到问题的最优解，并发现自己之前忽略的可能性。

假设 A、B、C 3 个人正在进行讨论，他们各自坚持不同的主张，那么讨论的结果可能是从 A、B、C 的主张中选出一个正确的方案，可能是折中 A、B、C 的主张，综合得出一个方案，也可能是采用一个与他们的主张都截然不同的新方案。在讨论中，你一定要在倾听别人意见的过程中，思考以下几个问题：

- 其他人的意见和主张是什么？
- 支持该意见或主张的理由和依据是什么？
- 上述理由或依据以什么事实为基础？
- 其他人的意见与自己的意见有什么不同？

需要注意的是，带有主观感情色彩的讨论是无法帮助你得到建设性意见的。你没有必要在讨论中驳倒对方，也不能固执己见，因为固执会让你看不到事物的真实情况。你应该以平等的视角、客观的思考，将各种意见和主张收集起来，存入脑内图书馆。

即使不具备正式讨论的条件，你也可以在平时多与人交换意见，养成深入理解信息的习惯。

方法 6，丰富体验，拓展理解的边界

理解他人是人们在生活和工作中必须掌握的一项能力，如果理解不了他人，人与人就无法建立起沟通。反之，如果一个人能理解他人，就能和对方产生共鸣，进而与对方建立牢固的信赖关系。

但是，天生富有的人能理解穷人的心情吗？没有在台上表演过的人，能理解对上台表演感到焦虑的人吗？一个连感冒都很少得的人，能理解体弱多病的人吗？这些问题的答案都是否定的。

一个人对于自己没有体验过的事情，是不可能产生精准理解的。即使你对他人的处境有大概的认识，那也并不是一种真正的、深刻的理解。归根结底，"有体验的理解"胜过"没有体验的理解"。你从体验中获得的理解是无法被质疑的，因为体验本身就是一种重要的理解方式。

在职场中，年轻人多去积累销售、行政、接待、策划

等各种工作的经验，就能深刻理解不同岗位员工的想法。在生活中，体验不同事物可以丰富你的人生，读书，看电影，去美术馆和新开张的餐厅，尝试新的应用程序和游戏软件……这些体验会让你的脑内图书馆变得更加充实、活跃。

方法 7，寻求反馈，修正理解

在前文解释元认知一词时，我曾说过，在你提升理解力的过程中，接受他人的反馈意见是非常重要的，因为你自己认为正确的理解，在他人看来可能是错误或有偏颇的。人类本就不擅长客观地看待自己。

一个人能够独立完成工作，往往是因为他得到了前辈和上司的帮助和指导。因此，要想提高理解的准确度，你应该找准时机向第三方确认自己的理解是否正确，寻求相关反馈。

在演讲前的彩排中请同事帮忙指点，在朋友读完自己写的文章后询问改进建议，请他人对你的想法做出客观评价等，都是一种反馈。对于企业来说，客户的感想、意见、投诉等都是重要的反馈内容，这些反馈可以帮助员工加深对本公司产品或服务的理解，从而不断改善和更新产品和服务。

此外，在和他人一起学习、行动、共享信息的过程中，你也可以加深自己的理解。例如，当你看到同事整理的笔记时，就会学到新的笔记整理方法，加深对工作方法的理解。

提升理解力的关键在于跨越自以为理解某事的障碍，随时做好准备接受新的信息、分析新的文脉形式。能通过反馈不断更新理解的人，具备了不断成长的潜力。

方法 8，勤做笔记，加深记忆

做笔记能极为有效地帮助一个人提升理解力，这是因为用笔记录下来的文字更容易被人们记住，也更容易被理解。请阅读下面的文章：

所谓转售制度，正式的名称是转售价格维持制度，是指商品的制造商决定商品定价，由销售方以定价进行销售的制度。日本反垄断法规定，为促进自由价格竞争，防止出现不公平的交易方式，禁止对商品的转售价格进行限制。

但是，从保护言论自由和文化的角度出发，对于图书、杂志、报纸、唱片、音乐磁带、音乐CD这6个类别的商品，规定可以采用转售制度。

可能有人读过这篇文章后对转售制度产生了一定的认识，但是，人类储存短期记忆的脑容量很小，所以你会在此之后一个接一个地忘记曾经看到的信息。

如果在两三天以后让你解释一下转售制度，可能你也说不出具体的内容。过了两三个月以后，你或许会把这个概念全部忘记。而做笔记可以防止你遗忘学习过的知识，帮助你提升理解力。

图 4-3 是与转售制度相关的笔记示例。

所谓转售制度，正式的名称是转售价格维持制度，是指商品的制造商决定商品定价，由销售方以定价进行销售的制度。日本反垄断法规定，为促进自由价格竞争，防止出现不公平的交易方式，禁止对商品的转售价格进行限制。

但是，从保护言论自由和文化的角度出发，对于图书、杂志、报纸、唱片、音乐磁带、音乐CD这6个类别的商品，规定可以采用转售制度。

笔记示例

- 商品的制造商决定商品定价，由销售方以定价进行销售。
- 为防止不公平的交易方式出现，日本反垄断法禁止对商品的转售价格进行限制。
- 对于图书、音乐CD等6个类别的商品，出于文化保护等原因，规定可以采用转售制度。

图 4-3 转售制度笔记示例

做笔记能够提升你的记忆力和理解力，理由如下。

第一，笔记能够起到外置硬盘的作用。一个人的短期记忆一般只能保持几分钟到几个小时，尤其是对于初次接

147

触的信息，很难将其转化为随时能够从大脑中提取的长期记忆，以致最终将这些信息遗忘。对此，你可以通过做笔记来保存信息，这是因为做笔记就相当于将信息存储到了大脑的外接硬盘中。这样通过复习可以随时想起。

第二，做笔记会帮助一个人将信息从指尖传递到大脑。在做笔记时，人是握着笔并运动手部肌肉来进行书写的。在指尖细微移动的过程中，大脑必然会专注于所写的文字信息，这时文字信号便会直接传入人的大脑，更容易被人们记住。虽然有时你不必记住笔记上已有的信息，但从结果上看，做笔记的动作会促使你将信息印刻在大脑里，反而加深了记忆。

第三，反复阅读笔记会提升一个人的记忆力和理解力。对于笔记记下来的文字，你可以反复进行阅读，每次阅读，记忆就能强化一分，随着短期记忆逐渐转换为长期记忆，你的理解也能变得更加深刻。如果不做笔记，你就会失去重新读取信息的机会。同时，在重新读取信息的时候朗读出来，你会更容易记住这些信息，也更容易加深理解。

此外，在上述第二点理由中，我建议大家手写笔记，但在实际情况下，你能用到的工具是有限的。可即使是在手机或电脑上打字输入的人，与不做任何笔记的人相比，对信息的理解程度也会高出很多。因此，你可以根据不同情况，灵活地选择工具做笔记。

1%の本質を最速で
つかむ「理解力」

第 5 章

工作中必须理解的
10 个对象

「書く」「話す」「伝える」…
あらゆるアウトプットで結果を出せる！

越能深入理解工作重点,
越容易在工作中掌握主动权。

当你以提高工作效率和生产效率为目的训练理解力时，必须首先明确你的理解对象。只有知道了自己应该去理解什么，你才能有意识地去理解。

以篮球这一体育运动为例，如果你想提高自己的篮球技术，就应该有意识地去理解篮球的比赛规则、打篮球的身体活动方式和训练方法、队友的打法和个性等。如果你认识到提前活动股关节能让步法变得敏捷，你就可能会更认真地去拉伸股关节。但是，如果你并不理解放松股关节对于篮球选手的积极作用，就可能不会去做拉伸，或是敷衍了事。

由此可以看出，在进行理解之前，你必须清楚自己要理解的对象。理解能力强的人很清楚这一点，所以他们的工作效率很高。本章将介绍人们在工作中需要理解的 10 个对象，你可以结合自己的工作，思考这些对象具体指的是什么。

理解目的，从根本目的出发进行思考

工作中最需要人们理解的对象之一就是目的。以下问题可以帮助你明确目的：

- 为什么发送这封邮件？
- 为什么召开这个会议？
- 为什么制作这份文件？
- 为什么策划这个项目？

小到每个人的工作，大到团队、项目和整个公司的运作，都有其目的。理解了这一点，你就能在工作中做出成绩，反之便一事无成。

例如，现在有越来越多的公司开始采用一对一会议的交流方式。在一对一会议中，上司或经理会与下属或团队成员进行面对面单独对话，以建立信赖关系，提高员工的工作积极性，推动其成长。如果上司没有理解这种会议的目的，而是在交流中一味说教、与下属闲聊，或者听下属抱怨，那么下属就难以得到成长，白白浪费了时间和精力。

可以说，一个员工如果不理解工作的目的，那他就做不好工作。假设你要给公司客户写一封邮件，邮件内容为介绍本周末举办的展览会。或许在你看来，这封邮件的目的是告知客户展览会的举办时间和举办地点，但其实不然。这封邮件的目的应该是吸引客户参加展览会。

理解邮件目的的人，会去思考怎么在邮件中进行说明才能让客户愿意来参加展览会，同时又不显得无礼。不理解邮件目的的人，所写的邮件自然无法吸引客户。

在目的尚未明确的时候，你不能想当然地行动，可以向了解工作目的的人请教。**在面临选择或决策的时候，你可以回到事情的原点，从根本目的出发进行思考。**带着不同的目的，你会得到不同的结论。

理解主题与概念，在沟通中掌握主动权

在工作中，你一定要正确理解任务的主题和相关概念。即使他人没有说明主题和概念是什么，你也要自己做出判断，这样工作效率才能更高。

主题一般指主要内容，概念则指根本的、统一的框架。以策划某美容类产品为例，该产品的主题可以是抗衰老，概念可以是泡澡时激活皮肤新陈代谢的方法。

会议的主题叫作议题，如果议题不够明确，那么会议会变得毫无意义。在对会议议题感到疑惑的时候，你需要及时向上司确认。

能够深入理解主题和概念的人，更容易在会议、洽谈和谈判中掌握主动权。当对话陷入胶着状态时，你可以适时提出问题："话题是不是错了？""要不要换个概

念？"……使对话回到正轨。

理解系统，捋顺整个工作流程

在工作中，理解系统是一项必修课。系统也被称为顺序或流程，在整个工作中，任务的配置方式是什么，流程是什么，都需要你加以理解。

假设你的工作内容是制作商品宣传单，那么你的工作流程或许是：调查购买对象—明确诉求—拍摄宣传图—委托设计—撰写文案—委托印刷—委托派发宣传单。此外，你还需要在必要的工作节点向上司进行确认或报告。

想要高效地完成工作，你就必须先将零散的工作内容按照优先级排序，捋顺整个工作流程。以上述流程为例，向上司确认意见和想法的节点一般在明确诉求或委托设计之前，在此之后，你就可以自行把握工作内容。有时，宣传单的设计风格会体现出设计师的个人水平和喜好，而为了找出能够将你的设计理念体现出来的设计师，你要先去了解各个设计师擅长的风格。

在工作流程中，各个环节都是密切相关的，很多时候，如果你未能理解一项工作，那么接下来的工作就无法进行，或者偏离了既定的方向。因此，在专注于眼前的同时，你也要把握系统的运作情况。

理解理由，多问一句"为什么"

在工作中，你可能经常会被他人询问"为什么"：

你这么做的理由是什么？

为什么让小林负责这个工作？

为什么特意举办这个活动？

为什么你选择了方案 B 而不是方案 A？

如果这个时候你回答得不流畅，或者答不出，那就说明你没有理解自己做眼前这件事的理由，自然也就无法取得成果。如果销售员不能向客户解释清楚一件产品的价值，那么客户就不会对这件产品产生兴趣。**多问"为什么"可以帮助你明确做某件事的理由**（见图 5-1）。

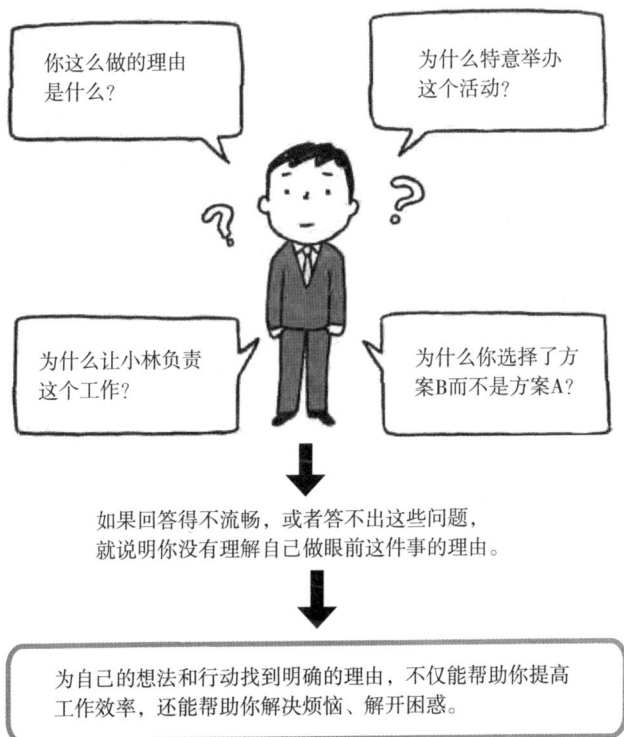

图 5-1 明确理由的方法是多问"为什么"

另外，你可以经常就自己的行为提出问题，这么做可以加深你对自身的理解。你可以经常问自己以下问题：

为什么我今天工作不顺利？
为什么上司的话会让我生气？
为什么我突然想练习用英语和别人交流？

为自己的想法和行动找到明确的理由，不仅能帮助你提高工作效率，还能帮助你解决烦恼、解开困惑。如果你发现自己做某件事的理由并不明确，那么就可以断定这件事没有必要做，从而有机会去寻找自己应该做的事情。为接下来的行动找到合适的理由，你就可以改掉做事随意的坏习惯，提高效率。

理解背景，找到事物背后潜藏的信息

背景是指事物背后潜藏的信息。背景大多不易被人察觉，因此，你应该有意识地主动去理解背景。

例如，某项服务之所以在日本流行，可能是因为日本的少子高龄化趋势正在扩大；某公司任命的董事长还不到40 岁，背后的原因或许是融入不了年轻一代思考方式的企业正在衰退。

有些潜藏在事物背后的信息是显而易见的，但有些是复杂难解的，普通人无法轻易知晓。而理解力强的人能够敏锐地察觉到这些看不见的背景。**为了更好地理解背景，你需要了解背景的具体类型，如社会背景、心理背景、政治背景、经济背景、环境背景等。**如果你不理解某个人的想法，也许是因为你没有注意到对方受到了原生家庭环境等心理背景的影响。

当现实未能如你所愿时，不妨停下脚步，思考事情发生的原因。理解了背景，你就会更容易找到问题的解决方法。

理解前提，明确事物成立的先决条件

你在理解事物时，一旦发现前提变了，就需要重新进行思考。

以保险为例，如果某保险的赔付条款中写有"住院后每天支付 1.5 万日元"，那么就会有很多人前来购买。但他们若在现场咨询时得知这种赔付排除了因事故和指定传染病住院的情况，那么大部分人恐怕又会打消购买该保险的念头。正是因为发现前提和自己理解的不一致，这些人的选择才会发生这么大的转变。前提是指事物成立的前置条件，它为人们做出各种结论和判断奠定了基础，具有十分重要的作用。

在签订合同、交涉谈判以及日常会议的讨论中，你都应该充分理解与主题相关的各项前提。在与他人合作时，为了避免事后发生纠纷，你一定要与对方先就合作的前提达成共识。

前提本身也是一种理解之匣。有些工作的目标是为社会做贡献，有些则是创造就业机会，还有些是打造公司品牌。前提不同，人们对工作的理解相应也会发生变化。**当你向他人传达信息时，为了不引起他人误解，也为了日后**

不发生纠纷，一定要明确信息的必要前提。

在商务场合，项目开展或合作达成的前提大多和成本有关，这类成本包括金钱成本、时间成本、作业成本、心理成本等。此外，工作方法和工作流程、合作伙伴、截止日期、产品服务、目标顾客等都可以作为你思考的前提。能敏锐地明确工作前提的人，会有意识地让自己的理解更加精准。

理解现状，给出恰当的处理方案

在工作中，你一定要理解现状，否则就无法采取下一步行动。

例如，工厂的生产线因故障停止了运行。这时，了解生产线停止运行这件事只是你理解现状的第一步，为了做出有效应对，你还需要进行以下更加全面的理解：

- 生产线停止运行的时长。

- 生产线停止运行的原因。

- 生产线上工作人员的后续安排。

- 生产线的恢复运行方法。

- 生产线从停止到恢复运行期间产生的损失。

- 如果生产线无法恢复运行，要采取哪些对策。

像这样，全面了解故障产生的原因、思考故障出现后的解决措施，你才能知道针对现状要采取哪些处理办法。不知道怎么去理解现状的人，可以提前针对工作中可能会发生的具体情况，分别列出自己需要理解的内容。为了提高对现状的理解力，除了仔细观察当下的情况，你还可以在自己的脑内图书馆中找寻类似的经历，进行比较。恰当地理解现状，能帮助你提高工作效率。

理解风险，提前制定好应对措施

新业务的开展或多或少都伴随着风险，如果你对风险的理解不够精准，就会在推进业务时遭遇困难。对此，你可以提出如下与风险相关的问题：

- 如果新产品卖不出去怎么办?

- 如果和其他公司合作不顺利怎么办?

- 如果那个人当了上司,出现问题时他会如何
  解决?

- 如果这个项目失败了,该怎么补救?

如果你预先设想了在各种情况下可能会出现的风险,并制定好相应的应对措施,那么即使出现紧急情况,你也能迅速且高效地应对。如果一个人缺乏在日常工作中做好应急管理的意识,那么他在面对突发情况时,就会手忙脚乱。

当你和他人一起制定决策时,可以先询问其他人的意见,共享有关风险的信息,再制定应对措施。如果其他人没有意识到风险的存在,那么你应该表明具体的风险及对策。**只有精准地理解了风险,你才能进行有效的管理。**

理解职责,清晰划分职责边界

每个人在工作中都有自己的职责。在公司内部,总

务、会计、销售、制作、宣传等部门各有职责；在部门、团队内部，每个员工也各有职责。

理解职责，就是指把握自己和他人的工作范围。对职责范围认知不足的人，会去插手他人的工作，或对他人的工作评头论足。

当你不清楚某项任务是否由自己负责时，应该和身边的人进行商议，进一步划分好各自的职责范围。能够准确理解职责的人，在沟通时很少会和他人产生分歧或让他人误解，且擅于将工作交给他人。

如果你作为上司，则需要理解每一位员工的职责，从而更有效地管理员工，调动员工的工作积极性。你需要时刻牢记以下 3 点：

- 理解自己的职责。
- 理解他人的职责。
- 理解职责的范围。

理解行动，避免贸然行动带来的麻烦

在工作中，人们会不断重复地接收信息、表达诉求。例如，你收到客户无法顺利登录网站的咨询，就是在接收信息；你根据自己掌握的信息，向客户说明登录方法、提示客户修改密码等行为，就是在表达诉求。**理解能力强的人，在接收信息后立刻就能做出正确的判断：是亲自采取行动，还是把工作交给别人负责。**

当你收到联系客户、向上司报告、发邮件预约、组织会议等任务之后，需要及时对下一步的行动做出判断。以下 4 个问题可以帮助你对行动进行判断：

- 是否应该亲自采取行动？
- 如果需要亲自行动，应该做什么？
- 如果不需要亲自行动，应该联系谁？
- 行动的优先顺序是什么？

当你对自己正在做的事情产生疑问时，应及时和身边的人进行确认和商讨。贸然行动不但会引发纠纷、导致失误，还会影响到别人对你的评价。

1%の本質を最速で
つかむ「理解力」

第 6 章

将信息有效地
传达给每一个人

「書く」「話す」「伝える」…
あらゆるアウトプットで結果を出せる!

吸收并不是理解的本质，分享才是。

　　理解的目的在于使人们的生活和工作有所改善。当然，提升理解力还可以扩充人们的脑内图书馆，让人们享受新知带来的乐趣。但是，经过你理解所得到的信息不应该仅仅为你所用。**吸收并不是理解的本质，分享才是。**

　　分享自己所理解的知识和信息，就能够帮助到他人，而他人在因此受益时，也会对你产生更多的信任，回报给你信息、人脉、支持、金钱、时间等资源。

　　心理学上有一个概念叫作回报性原理，指一个人从他人那里得到善意的付出后，会自发地想要回报的心理。人们分享知识和信息的做法就符合这一心理。有句话说得好："给予的目的在于得到。"我采访过数千人，与他人共享过许多知识，因此对这句话有切身体会。你要想获得他人的帮助，就要先去帮助对方；要想获得他人的支持，就要先去支持对方。

理解事物本质上是为了生产能够帮助他人的信息。乐于分享优质的知识和信息的人，往往也能够收集到更多这样的信息。这是因为那些知识和信息储备比你还要多的人，也有和你交换信息的需求。这就是分享的一大好处。

人类本就有为他人做贡献、想要帮助他人、与他人分享的心理。人们的大脑绝不会满足于理解本身，而是一直在期望做出更为积极的表达和分享。如果能提升理解力、充实并激活脑内图书馆，你就能获得将知识和信息分享给他人的能力。这时，是继续自我满足，还是为他人做出贡献，决定权在你自己。

用理解力助力正确的决策

人生中的每一个选择都具有关键作用。每一天，人们都在进行各种选择，做出各种决策，可以说人生就是由连续不断的选择和决策组成的。理解力不同的人，做选择和决策的方式也有不同。理解力强的人能够做出好的选择，而理解力弱的人所做出的选择往往不尽如人意。

举个例子，假设你决定换工作，对于下一个工作单位和岗位，你要理解到什么程度，才能找到一份好工作呢？很多人会提前对以下几项信息进行调查：

- 基本工作信息（如企业的资本、历史、业务、业界环境、销售额、营业利润、员工数量、经营理念）。
- 工作地点、工作时间。
- 工资、奖金水平。
- 加薪、晋升制度。
- 工作内容。
- 福利、津贴、社会保险。

除此之外，你还有很多必须了解的情况。你需要从宏观上调查企业在业界的竞争力、事业前景、平均工龄、管理层成员、职场环境等内容，从微观上调查自己的特长在该企业环境下能否得到发挥、所在岗位的工作流程等内容。如果你想更深入地了解这家企业，可以从该企业员工、竞争对手的员工、职场咨询师等人那里了解到各种各样的信息。此外，你还可以调查这家企业的用户感受，从而加深对企业真实情况的理解。

如果你跳槽到了一家销售业绩名列前茅的知名公司，却发现公司内部奉行功利主义，销售指标极其苛刻，工作氛围十分压抑，且员工的平均工作年限十分短，那么你自己也可能会早早辞职。会出现这样的情况，正是由于你的事前调查不到位，对该公司的认识不够全面。

当然，你也需要具备将不利形势转化为有利形势的能力，但这和你追求更精准的理解并不冲突，因为你的选择和决策只会受到你自己当下理解了什么、理解到何种程度的影响。为了做出正确的选择和决策，你不仅要理解事物的基本情况，还要关注其背后的信息。多角度的理解有助于你做出更明智的选择。

表达是理解的具体表现形式

一个人的说话和写作水平在很大程度上与他的理解力有关。对于理解力弱的人来说，他的脑内图书馆内杂乱地分布着各种理解之匣，所以他的表达往往让人难以理解。而理解力强的人，能够将理解之匣整理得井井有条，所以他们能够将信息简明扼要地传达给对方。请阅读下面这段话：

> 如果让我推荐重读文章的方法，打印也不错。这样很容易发现错字漏字，以及文体和内容的不完善之处。打印可以使我们直面自己写的文章，因为会有说明不够充分的情况。只是默读也不好，因为默读很难注意到刚才提到的错字漏字等细节。节奏不好的文章也不能说是一部好的作品，所以我们要读出声音。但是，如果把整篇文章都打印出来，会浪费时间和金钱，造成资源浪费。所以，可以仅将这种方法活用在重点文章上。

　　上文是一篇比较典型的重点不明、逻辑混乱的文章。作者未能将信息整理清楚，就一股脑地抛给了读者。这类文章"罪孽深重"的地方在于，它强迫读者去整理混乱的信息，且作者对此毫无觉察。修改后的文章如下：

　　　　我推荐人们在重读文章时，将文章打印出来再读（结论）。这样一来，我们就能够带着新鲜感，以更开阔的视角来审视自己写的文章（理由）。我们能够更容易从中发现错字漏字、表达不统一、逻辑不顺畅、说明不充分等不足之处（具体例子）。

　　　　但是，把整篇文章都打印出来既浪费时间，也浪费金钱。因此，我建议大家只在检查重点文章时使用打印的方法（补充信息1）。

　　　　另外，我们最好对打印出来的文章进行朗读而不是默读，因为朗读更能帮助我们发现文章的不足之处。此外，朗读还能帮我们检视文章的节奏，可谓一举两得（补充信息2）。

　　修改后的文章结构更加清晰，也更容易被读者所理解。以下是我在修改上述例文时重点关注的 3 个方面。

第一，对信息进行分组。 首先，我将例文中的信息重新整理，分为 3 段。其次，对于第一段，我又划分出了结论、理由和具体例子 3 部分，而具体例子又可以被分为错字漏字、表达不统一、逻辑不顺畅、说明不充分 4 个部分。也就是说，每一个名为段落的理解之匣是由数个句子等中型匣子组成的，而句子中又包含词汇等各种带有信息的小型匣子。简明扼要的表达，往往都具备这样的嵌套结构。

第二，按照易于理解的顺序组织语言。 即使你在表达时采用了嵌套结构，但如果表达的顺序不够合理，文章也会不够简明。例如，若将修改后的例文按照第三段、第二段、第一段的顺序排列，读者可能还是会不得要领。表达的基本顺序应该是从整体到细节，呈现出"干—枝—叶"的结构。

第三，优化语言表达。 原文的第一句话表述并不清晰，而修改过后，就显得流畅多了。同样，原文中"活用在重点文章上"这句话要表达的意思不太明确，修改为"只在检查重点文章时使用打印的方法"后就显得明确多了。

实际上，一些理解能力强的人在阅读原文时，尽管觉得吃力，但仍然能在一定程度上理解作者的意思。对于文中混乱的表达，他们会一边推测作者的意图，一边进行理解。

在这个过程中，他们的脑内图书馆得到了充实和激活，阅读理解时需要用到的理解之匣也得到了整理，所以理解能力强的人能够主动捋清表达的顺序。反之，完全读不懂原文的人，其脑内图书馆也没有得到充实和激活，对于阅读理解时需要用到的理解之匣也没有整理清楚，所以无法从混乱的表达中获得正确的理解。

为了更好地理解事物，你需要在学习、强化理解力技巧的同时，一步步充实和激活自己的脑内图书馆。此外，在遇到与上述例文类似的文章时，你要先判断文章难以理解的原因，再思考从自己的角度出发修改文章的方法。如果你有意识地锻炼自己，使表达更加简明扼要，那么你自身的理解力自然就会得到提高。

理解是理性的，而非感性的

如果你身边有偏重感性的人，那就需要注意，这样的人有时做出的决策是极不理智的。例如，他们不喜欢的同事提出了方案 A，他们虽然认为该方案比较好，但还会立刻反对方案 A，甚至还会极力贬低这个方案。

人们一旦受到情绪的影响，就难以做出公平客观的判断。同理，如果你因为工作进展顺利就扬扬得意，不知不觉放松了警惕，不去调查信息的真伪，那么也有可能遭遇挫折。可能会对你的理解造成妨碍的情绪状况有以下几种：

- 感情用事。
- 起伏不定。
- 耿耿于怀。
- 恣意妄为。

你在进行理解和做出判断的时候，要有意识地将个人情感放在一边。当意识到自己的情绪占据上风时，你可以尝试用深呼吸、离开现场、散步等方式来调节情绪。而在工作之外的人际交往中，你可以倾注更多感情。因为在这些情况下，体会对方的心情，传达自己的真实想法，更容易加深彼此的相互理解。此时如果过度压抑自己的情绪，于身心健康无益。

人们可以是理性的，也可以是感性的。**善于调节情绪的人，更有可能在工作中做出成果，并建立起良好的人际关系。**具体内容如图 6-1 所示。

激活理解的动机

有时，在工作中，无论你把事情解释得多么详细，还是有人听不懂你的意思，这是因为当事人并不想去理解你。一个人想要理解某事的意愿受动机的影响，而动机，就是指人产生某种意志或采取某种行动的原因。一个人既可以有意识地产生动机，也可以无意识地形成动机。

工作场合

- 感情用事
- 起伏不定
- 耿耿于怀
- 喜怒无常

处理工作时，要将个人情感放在一边。

私人场合

体会对方的心情，传达自己的真实想法，更容易加深对彼此的理解。

分辨在不同场合中，是应该注重理性还是注重感性。

图6-1　在工作和私人场合区分理性和感性

考虑换工作的人，一定会尽全力进行行业研究和企业调查；决心一年存 100 万日元的人，一定会努力开源节流。像这样，结合自己的动机，对相应的信息进行理解并做出行动是很重要的。当然，如果你从事的是自己喜欢的、让自己感到轻松的工作，那么兴趣就是你的动机。**一个人动机的有无和大小会直接影响到他理解力的强弱。**毋庸置疑，强烈的动机可以提升你的理解力。

如果有些员工总是领会不了工作的要诀，那么管理者需要推动他们产生理解的动机。假设作为上司的你有一位下属想要独当一面，自己创业，那么你可以对他说："如果你趁现在把线上销售做出成绩，那么在将来，这份成功经验便会成为你自主创业的武器。"听到这样的话有可能让他产生强烈的动力去做好工作。

动机是推动一个人理解事物的强大引擎。原本对线上销售完全不感兴趣的员工，一旦产生了动力开始学习各种线上销售工具的使用方法，那么在不久的将来，他就有可能创造出高成交率的线上销售方法。

反之，缺乏动机的填鸭式理解就如同画饼充饥，对人们毫无用处。所以，对于自己完全不感兴趣和不关注的事物，你可以将其与自己感兴趣的事物联系起来，让自己产生理解的动力。你可以借此机会认真地思考一下：我为什么想要去理解这件事？怎样做才能赋予自己更强烈的动机去理解这件事？

检验他人的理解程度

有一种方法可以帮助你判断他人是否理解了你想要传达的内容，那就是请他对听到的内容进行说明。虽然有的人会表示自己听懂了，但你并不能确认对方是否说了实话，因此，你要让对方亲自进行说明。如果对方确实理解了你所说的话，那么他就可以进行正确的说明。反之，如果对方没有理解，那么他的说明中就会出现破绽。你可以用以下几个问题进行检验：

请你尝试着说明 ×× 是什么。

请解释 ×× 的意思。

　　　　请谈谈你对 ×× 的理解。

　　而对于回答的分析，则考验你的倾听能力。对方是否抓住了重点，是否精准地理解了你的意思，是否掌握了工作流程，是否理解了任务目的和应该采取的行动。在倾听时，你需要对此一一做出恰当的判断。

　　当对方的说明有误时，你要及时指正。此外，当你感到对方的说法不太自然时，也应该意识到是他的理解出现了错误。这时，你需要进一步提问，以仔细衡量对方的理解程度。你可以提出的问题包括："×× 是什么意思？""请把 ×× 这一部分再详细说明一下。""如果××，×× 会怎样呢？"当你认识到对方的理解不到位时，可以主动进行解释和补充说明。当通过你的引导，对方终于能够实现精准的理解时，相信你们两人都会有所收获。

利用"冻结时间"重新思考

　　冻结时间是足球队经常会使用的一种指导方法。当足球教练在训练中发现问题时，会暂停训练，让队员进行反思。在冻结时间里，教练会要求每一位选手通过思考强化战略意识，从而避免他们出现惰性行为。

例如，针对球员 A 出现的问题，教练会先询问球员 A："刚才你为什么没有射门，而是选择了将球传给球员 B？"然后询问球员 B 或守门员："你对球员 A 的判断有什么看法？"最后询问其他球员："你们对球员 A 刚才的判断有什么看法？"球员通过思考这些问题，来理解足球比赛的战略和战术。

这种思考方式也可以应用于人们的工作和生活。当你觉得情况不对劲的时候，可以暂时停下脚步，重新思考自己选择和理解的正确性。这能在一定程度上让你避免陷入自以为理解某事的误区。

一旦你意识到自己的理解不够精准、有待深入，脑内图书馆就会开始进行更新升级，直到得出正确结论。而对思考反复进行验证的过程，就是加深理解的过程。

如果你感到哪里出现了问题，可以及时启动冻结时间。如果你是管理者，可以引导下属或团队成员重新思考，让他们对问题达成共识，从而找到解决方法。

一边表达，一边更新理解

并不是所有行为都要按照先理解后表达的顺序进行。**在某些情况下，当你的理解不到位时，先表达反而有助于理解。**例如，你觉得一部电影很有趣，但是你无法用精准的语言来描述这种乐趣。对此，你可以先试着表达，将头脑中浮现的想法一一描述出来，这时的大脑也会随即产生思考，并得出结论。

语言是思考的催化剂。有时你以为自己正在思考，但实际上，你的大脑并没有运转。而组织语言能让你无意识地调动起大脑运转，进入真正思考的状态，从而加深理解。

积极回答他人的提问，也是显著提升个人理解力的方

法之一。如果在面对与某主题相关的任何提问时，你都能迅速、准确地做出回答，那就说明你已经彻底理解了这一主题。但如果你无法马上作答，或是回答得不够准确，那就说明你的理解还不够到位，应在此之后想办法加深理解。在某些情况下，你可以一边回答他人的相关问题，一边进行梳理和总结，以加深理解。

我每周都会在自己运营的视频账号上上传几条视频，这些视频的主题基本上都与写作和工作技巧有关。有时，即便是面对之前分析过很多次的主题，在经过反复说明后，我仍然会发现自己的理解存在肤浅之处。**发现问题意味着进一步加深理解**。因此，制作视频对我来说也是一种自我成长的手段。

理解力越弱的人，越容易在表达时犹豫不决。他们犹豫的理由多种多样，如没有自信、害怕出错，但无论出于什么理由，一个人都不应该回避表达，因为这么做会使他错失提升理解力的机会。如果你想提升理解力，就不要对表达有所顾忌。只要养成表达的习惯，你就完成了 90% 的任务。坚持不断表达，你会逐渐克服羞耻感和恐惧感，增强对自己理解力的自信心。

理解不代表认同

在人际交往中，一个人想要理解他人是难能可贵的。每个人性格不同，所以你必然会遇到与自己的想法、意见和价值观截然不同的人。但如果你和对方一起努力去理解真实的彼此，就能在两人之间建立起不可动摇的信赖关系。站在他人的立场看待问题，并努力理解对方，是一种爱的表现。

如果你因为他人和自己的想法、价值观不同就不去理解对方，那么你的视野将无法拓宽，你将失去很多成长的机会。

对理解他人感到痛苦、有所抵触的人，或许是将理解和认同混为了一谈。因为当人们意识到自己必须去赞同他人的意见和价值观时，心情确实会变得沉重。但理解他人并不会给人带来精神负担，只要你意识到他人和自己不一样就已足够。明白世界上存在着各种意见和价值观，对你来说就是一种进步。在理解他人的时候，你没有必要去评判对方意见的好坏，只需接受现实即可。

如果你一定要与他人达成认同，不妨从接纳对方的意见和价值观这一角度出发。**接纳并不代表认同**。我就是我，他就是他，将他人和自己区分开来进行思考，会减轻你的精神负担。世界上不可能有两个想法一模一样的人，你应该在认同这一点的基础之上，与他人相互理解。

解锁理解力，打开个人成长的加速器

如果只要按下一个开关就能提升理解力，你在工作和生活中就会轻松许多。但遗憾的是，这个开关并不存在。能帮助你提升理解力的要素不止一个，因为信息接收能力、推测能力、理解之匣、目的意识、文脉理解力、动机等各种要素相互作用，共同影响着你的理解力水平。

本书对每个要素都进行了详尽的阐释。虽然提升理解力的开关并不存在，但只要你具备上述各个要素，自身的理解力就能得到切实的提升。

那么，你缺乏哪项要素呢？

答案因人而异。有的人词汇量匮乏，有的人欠缺主动思考的意识，还有的人对表达的练习不足。而难以跨越自以为理解某事的障碍，应该是许多缺乏理解力的人面临的最大难题。但不管怎样，能发现自己的不足就是一种极大的进步，因为这意味着今后你能不断意识到自己的问题，并及时改正。

理解力不仅是你在学习和工作中需要具备的基础能力，更为你的人生定下了基调。写作能力、语言表达能力、沟通能力、行动力、创造力等能力，也都以理解力为基础，因此通过强化理解力，你的其他能力也会相应地有所提升。

本书介绍了帮助你提升理解力的方法，至于这些方法是否能够得到运用，就要看你的选择了。随着理解力的提升，你的工作和生活也一定会发生令人惊喜的变化。希望你也能享受到这一过程。随着理解力的提升，你会做出更加合理的判断，沟通能力和解决问题的能力也会有大幅度

的提高。可以说，提升理解力是一个人取得成功最有效的
途径。

　　最后，我有一句话送给读者：愿你的理解力不断得到
提升，人生更加精彩。

未来，属于终身学习者

我们正在亲历前所未有的变革——互联网改变了信息传递的方式，指数级技术快速发展并颠覆商业世界，人工智能正在侵占越来越多的人类领地。

面对这些变化，我们需要问自己：未来需要什么样的人才？

答案是，成为终身学习者。终身学习意味着永不停歇地追求全面的知识结构、强大的逻辑思考能力和敏锐的感知力。这是一种能够在不断变化中随时重建、更新认知体系的能力。阅读，无疑是帮助我们提高这种能力的最佳途径。

在充满不确定性的时代，答案并不总是简单地出现在书本之中。"读万卷书"不仅要亲自阅读、广泛阅读，也需要我们深入探索好书的内部世界，让知识不再局限于书本之中。

湛庐阅读 App: 与最聪明的人共同进化

我们现在推出全新的湛庐阅读 App，它将成为您在书本之外，践行终身学习的场所。

- 不用考虑"读什么"。这里汇集了湛庐所有纸质书、电子书、有声书和各种阅读服务。
- 可以学习"怎么读"。我们提供包括课程、精读班和讲书在内的全方位阅读解决方案。
- 谁来领读？您能最先了解到作者、译者、专家等大咖的前沿洞见，他们是高质量思想的源泉。
- 与谁共读？您将加入优秀的读者和终身学习者的行列，他们对阅读和学习具有持久的热情和源源不断的动力。

在湛庐阅读 App 首页，编辑为您精选了经典书目和优质音视频内容，每天早、中、晚更新，满足您不间断的阅读需求。

【特别专题】【主题书单】【人物特写】等原创专栏，提供专业、深度的解读和选书参考，回应社会议题，是您了解湛庐近千位重要作者思想的独家渠道。

在每本图书的详情页，您将通过深度导读栏目【专家视点】【深度访谈】和【书评】读懂、读透一本好书。

通过这个不设限的学习平台，您在任何时间、任何地点都能获得有价值的思想，并通过阅读实现终身学习。我们邀您共建一个与最聪明的人共同进化的社区，使其成为先进思想交汇的聚集地，这正是我们的使命和价值所在。

CHEERS

湛庐阅读 App
使用指南

读什么

· 纸质书
· 电子书
· 有声书

怎么读

· 课程
· 精读班
· 讲书
· 测一测
· 参考文献
· 图片资料

与谁共读

· 主题书单
· 特别专题
· 人物特写
· 日更专栏
· 编辑推荐

谁来领读

· 专家视点
· 深度访谈
· 书评
· 精彩视频

图书 > 课程 > 精读班 > 有声书 > 电子

对话最伟大的头脑系列12册套装:
将你带向知识的顶端

晨听　　　　　　更多 >

我们为什么需要阅读?
阅读是砍向我们内心冰封大海的斧头

《论语》精读班 上新
中国的
积极心理学

依据哈佛大学经典研究

首页　商城　发现　已购　我的

HERE COMES EVERYBODY

下载湛庐阅读 App
一站获取阅读服务

图书在版编目（CIP）数据

精准理解力 /（日）山口拓朗著；张佳傲译.
杭州：浙江教育出版社，2025. 5. -- ISBN 978-7-5722-9600-0

Ⅰ. B017-62

中国国家版本馆 CIP 数据核字第 2025HV1871 号

浙江省版权局
著作权合同登记号
图字:11-2025-040号

上架指导：职场 / 成长

精准理解力
JINGZHUN LIJIELI

［日］山口拓朗　著

张佳傲　译

责任编辑：操婷婷
美术编辑：韩　波
责任校对：王晨儿
责任印务：陈　沁
封面设计：Soutpost

出版发行：浙江教育出版社（杭州市环城北路 177 号）
印　　刷：定州启航印刷有限公司
开　　本：880mm×1230mm 1/32
印　　张：6.875　　　　　　　　　**字　　数：**110 千字
版　　次：2025 年 5 月第 1 版　　　**印　　次：**2025 年 5 月第 1 次印刷
书　　号：ISBN 978-7-5722-9600-0　**定　　价：**79.90 元

如发现印装质量问题，影响阅读，请致电 010-56676359 联系调换。